程序法依据充电宝

——三大诉讼程序规定条文理解与适用对照系列

【公检法律师办案工具】

行政行为规范与救济条文理解与适用对照

【二法二释一条例】

宋云超 编著

中国检察出版社

图书在版编目（CIP）数据

行政行为规范与救济条文理解与适用对照：二法二释一条例 / 宋云超编著. —北京：中国检察出版社，2017.6
ISBN 978-7-5102-1905-4

Ⅰ.①行… Ⅱ.①宋… Ⅲ.①行政法—法律行为—法律解释—中国 ②行政法—法律行为—法律适用—中国 Ⅳ.①D912.105
中国版本图书馆CIP数据核字（2017）第113873号

行政行为规范与救济条文理解与适用对照：二法二释一条例
宋云超　编著

出版发行：	中国检察出版社
社　　址：	北京市石景山区香山南路109号（100144）
网　　址：	中国检察出版社（www.zgjccbs.com）
编辑电话：	（010）86423707
发行电话：	（010）86423726　86423727　86423728
	（010）86423730　68650016
经　　销：	新华书店
印　　刷：	北京朝阳印刷厂有限责任公司
开　　本：	710 mm × 960 mm　16开
印　　张：	8
字　　数：	145千字
版　　次：	2017年6月第一版　2017年6月第一次印刷
书　　号：	ISBN 978-7-5102-1905-4
定　　价：	35.00元

检察版图书，版权所有，侵权必究
如遇图书印装质量问题本社负责调换

序

宋云超律师是个外粗内秀的东北人,是个脑瓜和嘴巴都挺好使的黑龙江人。四十多年前在"北大荒"下乡务农期间,我见识过这样的能人,当时就挺崇拜的。黑龙江是我人生的第二故乡。我对那片黑土地以及生长在那片黑土地上的人,都有一种特殊的情感。

宋云超出生于黑龙江省伊春市,据说是受了家族中长辈的影响,他选择了法律职业,在当地的公、检、法都有从业经历。后来,他做了律师,而且从伊春走到哈尔滨,成为鼎升律师事务所主任、一级律师,并兼任哈尔滨和宁波两地仲裁委员会的仲裁员,是一个颇有成就的法律人。2006年,我在最高人民检察院挂职担任渎职侵权检察厅副厅长期间,曾经到伊春市人民检察院调研。那天在我的办公室,宋律师谈到了伊春市人民检察院的一些老领导,其中也有我认识的人。

宋律师喜欢学习,善于钻研。这些年,他在从事律师实务之余,撰写发表了数十篇法学专业文章。颇值一提的是,他曾经在黑龙江大学伊春分校和伊春市中级人民法院的业余大学担任教师,还曾经到中国人民大学律师学院参加专业培训班。以此而论,他也可以算是我的同行和校友了。

正因为有了这些特殊的"关系",所以当宋律师请我为他的新书作序时,我欣然应允了。

宋律师根据自己多年积累的司法实务经验和理论研习心得,结合当前我国司法改革中的实际需要,编写了这套《程序法依据充电宝——三大诉讼程序规定条文理解与适用对照系列》丛书,共三卷,即《民事诉讼程序条文理解与适用对照》、《行政行为规范与救济条文理解与适用对照》、《刑事诉讼程序条文理解与适用对照》。其中,《行政行为规范与救济条文理解与适用对照》一书充分体现了作者的专业之长,对司法实务人员很有教益。

中共十八届四中全会明确提出,全面推进依法治国的总目标是建设中国特色社会主义法治体系,建设社会主义法治国家。从2011年宣布"法律体系"已经形成到这次要建设"法治体系",虽仅一字之差,但是表达了"法治"目标的提升。诚然,国人不能期望通过一次会议就能实现法治,但是这次会议有可能成为中国法治发展史中的一座里程碑。

推行法治有两个基本环节:其一是立法,其二是施法。无法律当然无法治,有法律也未必有法治。衡量一个国家的法治发展水平,最重要的标准不是立法,而是法律的实施;不是写在纸上的法律,而是落实在社会生活中的法律。当下中国法治发展所面临的主要问题不是法律不够用，而是法律不管用。无论是普通公民，还是政府官员，有法不依的现象相当普遍。因此，十八届四中全会确定的目标是建设"法治体系"，而且强调"法律的生命力在于实施"，要"实现科学立法、严格执法、公正司法、全民守法"。

中国要建成社会主义法治国家，需要官民协力，众志成城，特别需要法律人的贡献。宋律师以自己的方式，为法治贡献力量，值得称赞。

是为序。

中国人民大学法学教授、反腐败法治研究中心主任
何家弘
二〇一七年四月二十日

自　序

我理解的司法公正，是公平、及时地审结案件。

这里的审，从广义理解，既包括刑事范畴的侦查机关和检察机关的职务审查、律师的审查，也当然包括民事等范畴的审判职能工作；这里的结，既包括正常程序审理或执行完结，也包括依法驳回、不予受理等终结情形。

在我个人粗浅理解，实现和践行司法公正，当然以法官为主导，但是绝不仅仅是法官的"独角戏"。作为法官，尤其是员额制框架下的法官、检察官，准确理解、正确适用相关法律和司法解释，是确保实现和践行司法公正的重要保障。以事实为依据、以法律为准绳，尽管是老生常谈，但毕竟是公认的也是应当始终奉行的准则。客观的司法实际决定了，法官要查明的和能查明的仅仅是法律事实，更不要说许多时候法官要查明的对象还是当事人、诉讼参与人故意或者过失造成的真真假假、虚虚实实之"事实"。客观现实是，公检法人员、律师在学历背景、个人经历、价值观念等方面的差异和影响，其理解、适用相关法律和对应司法解释的角度、程度、限度、维度，都存在现实的区别。我国的法治现实情况是，无论是检察机关的监督，还是人大等的监督，抑或是律师以及媒体的监督，其监督局限和被期待的程度之间尚有差距。

现实且不可回避的问题是，许多司法实务工作者在理解法律和司法解释方面，客观上是需要借助一些权威解读、释义一类读物和培训的。对此，本书持支持立场。但是必须申明的是，任何事情总是利弊集于一身，真理的步伐过快同样会走向反面。法律和司法解释已经明确规定了的，在适用时是不容许掺杂学理和学派影响的。以事实为依据、以法律为准绳，是司法公正不可撼动的底线，现行法律和司法解释是法律适用的依据。一知半解和深谙，区别何止于天壤？对于法律中确实容易产生歧义或者言犹未尽的条文，以及确实需要司法实务部门延伸适用的情况，部分高级法院采取了制定指导意见的方式，或者权威法官集中讲解、个别指导和培训的方式，加以完善、弥补。这类现象的存在很客观，可以说是一个过程性质的问题。首先，对于法律和司法解释客观上存在的一定程度的共性问题，高级法院以指导意见方式解决，是应当肯定的，但是应当以不突破立法原意为底线；其次，对于条文在逐条和全篇的理解方面，最可靠的方式还是由法官个人熟读千遍为宜，有关培训、讲解、答疑，仅供参考、对照。解铃还须系铃人，如果广大公检法人员、律师都能自觉和准确理解、适用相关法律和司法解释，无疑司法公正的进程将会大受裨益。除理解环节外，还有一个与此紧密相关的实践运用环节。理解精准、到位了，适用方面不会出现太大问题。我本人倾向主张，在具体案件的法律适用方面，为了准确、正确的目标，需要对个案进行推敲和研究，以便找准对接点；为了保持个案的客观"个性"，也应当允许法官、检察官有限度地"个性发挥"，把握好适用的方向。唯有如此，才能伴随时间流逝而提高审判水平。

法官与诉讼参与人在适用法律面前，多数时候是不同步的，妥善处理好这个差距，有备无患。当前，我国的诉讼代理队伍情况复杂，职业素养、价值观等，莫衷一是。什么样的诉讼代理人与什么样的法官来组成一个案件的诉讼结构，带有极大的随机性。良性的互动会带来好的诉讼效果，但是观念与利益的差异常常造成庭审与诉讼走向的波谲云诡。面对这一不可改变的现实，现实可做的工作就是一句话，"打铁还靠自身硬"，加强自身法律素养。

一直以来，公认的逻辑是授人以鱼不如授人以渔。可是，有人提出，为什么不可以先授鱼，继而渔之呢？在我国，刑事领域争论不休的正当防卫概念，尽管不太实用但是目前尚可适用。可是，在民事和行政领域，当合法权益遭受不法侵害时，受害人或者权利人的授权自保行为是什么？从"辱母案"到强迁案件，并非总是单纯的非法行为侵害合法权益，而更多的是犬牙交互，当事双方同时存在合法权益与非法行为混合伴生的问题。

因此，本书旨在为法律工作者方便快捷地理解、适用相关法律和司法解释，充当一次小编，把同一领域的不同位阶的规范，置于一个平面上以便使用者一目了然。

宋云超
二〇一七年五月十九日

使用说明

1. 本书的体例，是以立法为中心，左侧为最高人民检察院、最高人民法院司法解释，右侧为行政复议法及其实施条例，结构上十分科学。五者之间是以立法为原点的对角斜线对称格局，即诉前内容多为行政机关处理的部分，诉后内容主要由法院唱主角。从这个平面着眼，读者对于当前我国行政规范的状况可以一目了然。

2. 最高人民法院《关于适用〈中华人民共和国行政诉讼法〉若干问题的解释》说得很清楚，是若干问题的解释，不是《行政诉讼法》全部问题的解释。

3. 《行政复议法实施条例》与《行政复议法》对接得"头头是道"。比较而言，"为了进一步发挥行政复议制度在解决行政争议、建设法治政府、构建社会主义和谐社会中的作用，根据《中华人民共和国行政复议法》，制定本条例"，比"为了防止和纠正违法的或者不当的具体行政行为，保护公民、法人和其他组织的合法权益，保障和监督行政机关依法行使职权，根据宪法，制定本法"更加耐人寻味，切合实际。

4. 读者一定要注意，行政行为规范与救济二法二释一条例，属于国家立法体系中的三个层次，适用时一定要注意上位和下位的有序问题，上下位之间的内在关系问题。

5. 笔者把当前我国现行有效的行政行为规范与救济二法二释一条例条文，放在一个平面上，这样大家就非常方便和一目了然地形成了整体的信息录入。这种空间上的处理绝非机械的堆砌，它充分遵循了行政法内在的应有的精神与逻辑顺序，如此，这么庞杂的行政行为规范与救济二法二释一条例条文，就不那么乱了。

6. 从使用方便的目的出发，本书把全部内容置放于更大的空间背景下，进行平面化对照。如此，则不得已大幅度地打乱了规范的章节及条文顺序。

7. 从尽可能展现五部分内容之间的对比关系角度出发，各个规范部分内容无法同时在一个平面上出现，常常存在无对照的部分条文或者只有两个部分对照的情况。这在一定程度上将造成读者视觉上的抵触情绪，但是笔者温馨贴士，这种局面是我国行政立法现状本身的真实反映，留白处读者不妨留下您的思考和记号。

8. 本书对于学习、研究、使用等目的，均无限裨益。具体因人而异，其妙不可言之处待读者自己慢慢体会吧。
9. 百密一疏，敬请读者朋友不吝批评、提示和帮助，笔者将不胜感激之至。

宋云超
二〇一七年四月二日

索 引

人民检察院行政诉讼规则（试行）		最高人民检察院关于适用《中华人民共和国行政诉讼法》若干问题的解释		中华人民共和国行政诉讼法		中华人民共和国行政复议法		中华人民共和国行政复议法实施条例	
目录	页码	目录	页码	目录	页码	目录	页码	目录	页码
第一章 总则	3			第一章 总则	3	第一章 总则	3	第一章 总则	3
第二章 受理	77			第二章 受案范围	7	第二章 行政复议范围	7	第二章 行政复议申请人	13
第三章 审查	81			第三章 管辖	10	第三章 行政复议申请	23	第一节 申请人	13
第四章 对生效判决、裁定、解书的监督	83			第四章 诉讼参加人	13	第四章 行政复议受理	29	第二节 被申请人	16
第一节 一般规定	83			第五章 证据	19	第五章 行政复议决定	33	第三节 行政复议申请期限	23
第二节 再审检察建议和提请抗诉、抗诉	86			第六章 起诉和受理	23	第六章 法律责任	103	第四节 行政复议申请的提出	26

1

人民检察院行政诉讼规则（试行）		最高人民检察院关于适用《中华人民共和国行政诉讼法》若干问题的解释		中华人民共和国行政诉讼法		中华人民共和国行政复议法		中华人民共和国行政复议法实施条例	
目录	页码	目录	页码	目录	页码	目录	页码	目录	页码
第五章　对审判程序中审判人员违法行为的监督与对执行活动的监督	94			第七章　审理和判决	55	第七章　附则	106	第三章　行政复议受理	29
第六章　其他规定	99			第一节　一般规定	55			第四章　行政复议决定	33
第七章　附则	106			第二节　第一审普通程序	64			第五章　行政复议指导和监督	101
				第三节　简易程序	72			第六章　法律责任	103
				第四节　第二审程序	73			第七章　附则	106
				第五节　审判监督程序	75				
				第八章　执行	92				
				第九章　涉外行政诉讼	100				
				第十章　附则	106				

人民检察院行政诉讼监督规则（试行）	最高人民法院关于适用《中华人民共和国行政诉讼法》若干问题的解释	中华人民共和国行政诉讼法	中华人民共和国行政复议法	中华人民共和国行政复议法实施条例
中华人民共和国最高人民检察院公告 《人民检察院行政诉讼监督规则（试行）》已于2016年3月22日由最高人民检察院第十二届检察委员会第四十九次会议通过，现予公布，自即日起施行。 最高人民检察院 2016年4月15日	中华人民共和国最高人民法院公告 《最高人民法院关于适用〈中华人民共和国行政诉讼法〉若干问题的解释》已于2015年4月20日由最高人民法院审判委员会第1648次会议通过，现予公布，自2015年5月1日起施行。 最高人民法院 2015年4月22日	《全国人民代表大会常务委员会关于修改〈中华人民共和国民事诉讼法〉和〈中华人民共和国行政诉讼法〉的决定》已由中华人民共和国第十二届全国人民代表大会常务委员会第二十八次会议于2017年6月27日通过，现予公布，自2017年7月1日起施行。	1999年4月29日第九届全国人民代表大会常务委员会第九次会议通过，1999年4月29日中华人民共和国主席令第十六号公布，自1999年10月1日起实施。2009年8月27日，中华人民共和国第十一届全国人民代表大会常务委员会第十次会议通过了《全国人民代表大会常务委员会关于修改部分法律的决定》，同日中华人民共和国主席令第十八号予以公布，自公布之日起施行。	中华人民共和国国务院令第499号 《中华人民共和国行政复议法实施条例》已经2007年5月23日国务院第177次常务会议通过，现予公布，自2007年8月1日起施行。 总理　温家宝 2007年5月29日
	法释〔2015〕9号			2007年，为了进一步发挥行政复议制度在解决行政争议、建设法治政府、构建社会主义和谐社会中的作用，根据行政复议法制定了《中华人民共和国行政复议法实施条例》，并于2007年8月1日施行。

人民检察院行政诉讼监督规则（试行）	最高人民法院关于适用《中华人民共和国行政诉讼法》若干问题的解释	中华人民共和国行政诉讼法	中华人民共和国行政复议法	中华人民共和国行政复议法实施条例
目录	目录	目录	目录	目录
第一章　总则 第二章　受理 第三章　审查 第四章　对生效判决、裁定、调解书的监督 　第一节　一般规定 　第二节　再审检察建议和提请抗诉、抗诉 第五章　对审判程序中审判人员违法行为的监督与对执行活动的监督 第六章　其他规定 第七章　附则		第一章　总则 第二章　受案范围 第三章　管辖 第四章　诉讼参加人 第五章　证据 第六章　起诉和受理 第七章　审理和判决 　第一节　一般规定 　第二节　第一审普通程序 　第三节　简易程序 　第四节　第二审程序 　第五节　审判监督程序 第八章　执行 第九章　涉外行政诉讼 第十章　附则	1.《全国人民代表大会常务委员会关于修改部分法律的决定》 2.行政复议法 第一章　总则 第二章　行政复议范围 第三章　行政复议申请 第四章　行政复议受理 第五章　行政复议决定 第六章　法律责任 第七章　附则	第一章　总则 第二章　行政复议申请 　第一节　申请人 　第二节　被申请人 　第三节　行政复议期限 　第四节　行政复议申请的提出 第三章　行政复议受理 第四章　行政复议决定 第五章　行政复议指导和监督 第六章　法律责任 第七章　附则
	为正确适用第十二届全国人民代表大会常务委员会第十一次会议决定修改的《中华人民共和国行政诉讼法》，结合人民法院行政审判工作实际，现就有关条款的适用问题解释如下：		修订： 　二、对下列法律和法律解释中关于"征用"的规定作出修改 　（二）将下列法律中的"征用"修改为"征收" 　20.《中华人民共和国行政复议法》第三十条	

人民检察院行政诉讼监督规则（试行）	最高人民法院关于适用《中华人民共和国行政诉讼法》若干问题的解释	中华人民共和国行政诉讼法	中华人民共和国行政复议法	中华人民共和国行政复议法实施条例
第一章 总 则		第一章 总 则	第一章 总 则	第一章 总 则
第一条 为了保障和规范人民检察院依法履行行政诉讼监督职责，根据《中华人民共和国行政诉讼法》《中华人民共和国民事诉讼法》《中华人民共和国人民检察院组织法》和其他有关规定，结合检察工作实际，制定本规则。		第一条 为保证人民法院公正、及时审理行政案件，解决行政争议，保护公民、法人和其他组织的合法权益，监督行政机关依法行使职权，根据宪法，制定本法。	第一条 为了防止和纠正违法的或者不当的具体行政行为，保护公民、法人和其他组织的合法权益，保障和监督行政机关依法行使职权，根据宪法，制定本法。 第二条 公民、法人或者其他组织认为具体行政行为侵犯其合法权益，向行政机关提出行政复议申请，行政机关受理行政复议申请、作出行政复议决定，适用本法。	第一条 为了进一步发挥行政复议制度在解决行政争议、建设法治政府、构建社会主义和谐社会中的作用，根据《中华人民共和国行政复议法》（以下简称行政复议法），制定本条例。 第二条 各级行政复议机关应当认真履行行政复议职责，领导并支持本机关负责法制工作的机构（以下简称行政复议机构）依法办理行政复议事项，并依照有关规定配备、充实、调剂专职行政复议人员，保证行政复议机构的办案能力与工作任务相适应。

人民检察院行政诉讼监督规则（试行）	最高人民法院关于适用《中华人民共和国行政诉讼法》若干问题的解释	中华人民共和国行政诉讼法	中华人民共和国行政复议法	中华人民共和国行政复议法实施条例
		第二条 公民、法人或者其他组织认为行政机关和行政机关工作人员的行政行为侵犯其合法权益，有权依照本法向人民法院提起诉讼。 前款所称行政行为，包括法律、法规、规章授权的组织作出的行政行为。	第五条 公民、法人或者其他组织对行政复议决定不服的，可以依照行政诉讼法的规定向人民法院提起行政诉讼，但是法律规定行政复议决定为最终裁决的除外。	
第二条 人民检察院通过办理行政诉讼监督案件，监督人民法院依法审判和执行，促进行政机关依法行使职权，维护司法公正和司法权威，维护国家利益和社会公共利益，保护公民、法人和其他组织的合法权益，保障国家法律的统一正确实施。	第一条第一款 人民法院对符合起诉条件的案件应当立案，依法保障当事人行使诉讼权利。	第三条 人民法院应当保障公民、法人和其他组织的起诉权利，对应当受理的行政案件依法受理。	第四条 行政复议机关履行行政复议职责，应当遵循合法、公正、公开、及时、便民的原则，坚持有错必纠，保障法律、法规的正确实施。	
	第五条 行政诉讼法第三条第三款规定的"行政机关负责人"，包括行政机关的正职和副职负责	行政机关及其工作人员不得干预、阻碍人民法院受理行政案件。 被诉行政机关负责人应当出庭应诉。不能出庭的，应当委托行政机关相应的工作人员出庭。		

人民检察院行政诉讼监督规则（试行）	最高人民法院关于适用《中华人民共和国行政诉讼法》若干问题的解释	中华人民共和国行政诉讼法	中华人民共和国行政复议法	中华人民共和国行政复议法实施条例
第三条 人民检察院通过抗诉、检察建议等方式，对行政诉讼实行法律监督。 第四条 人民检察院对行政诉讼实行监督，应当以事实为根据，以法律为准绳，坚持公开、公平、公正，坚持合法性审查，监督和支持人民法院、行政机关依法行使职权。	人。行政机关负责人出庭应诉的，可以另行委托一至二名诉讼代理人。	第四条 人民法院依法对行政案件独立行使审判权，不受行政机关、社会团体和个人的干涉。 人民法院设行政审判庭，审理行政案件。 第五条 人民法院审理行政案件，以事实为根据，以法律为准绳。		第四条 专职行政复议人员应当具备与履行行政复议职责相适应的品行、专业知识和业务能力，并取得相应资格。具体办法由国务院法制机构会同国务院有关部门规定。

人民检察院行政诉讼监督规则（试行）	最高人民法院关于适用《中华人民共和国行政诉讼法》若干问题的解释	中华人民共和国行政诉讼法	中华人民共和国行政复议法	中华人民共和国行政复议法实施条例
		第六条 人民法院审理行政案件，对行政行为是否合法进行审查。 第十一条 人民检察院有权对行政诉讼实行法律监督。 第七条 人民法院审理行政案件，依法实行合议、回避、公开审判和两审终审制度。 第八条 当事人在行政诉讼中的法律地位平等。 第九条 各民族公民都有用本民族语言、文字进行行政诉讼的权利。 在少数民族聚居或者多民族共同居住的地区，人民法院应当用当地民族通用的语言、文字进行审理和发布法律文书。 人民法院应当对不通晓当地民族通用的语言、文字的诉讼参与人提供翻译。 第十条 当事人在行政诉讼中有权进行辩论。		

人民检察院行政诉讼监督规则（试行）	最高人民法院关于适用《中华人民共和国行政诉讼法》若干问题的解释	中华人民共和国行政诉讼法	中华人民共和国行政复议法	中华人民共和国行政复议法实施条例
		第二章　受案范围	第二章　行政复议范围	
		第十二条　人民法院受理公民、法人或者其他组织提起的下列诉讼： （一）对行政拘留、暂扣或者吊销许可证和执照、责令停产停业、没收违法所得、没收非法财物、罚款、警告等行政处罚不服的； （二）对限制人身自由或者对财产的查封、扣押、冻结等行政强制措施和行政强制执行不服的； （三）申请行政许可，行政机关拒绝或者在法定期限内不予答复，或者对行政机关作出的有关行政许可的其他决定不服的； （四）对行政机关作出的关于确认土地、矿藏、水流、森林、山岭、草原、荒地、滩涂、海域等自然资源的所有权或者使用权的决定不服的； （五）对征收、征用决定及其补偿决定不服的；	第六条　有下列情形之一的，公民、法人或者其他组织可以依照本法申请行政复议： （一）对行政机关作出的警告、罚款、没收违法所得、没收非法财物、责令停产停业、暂扣或者吊销许可证、暂扣或者吊销执照、行政拘留等行政处罚决定不服的； （二）对行政机关作出的限制人身自由或者查封、扣押、冻结财产等行政强制措施决定不服的； （三）对行政机关作出的有关许可证、执照、资质证、资格证等证书变更、中止、撤销的决定不服的； （四）对行政机关作出的关于确认土地、矿藏、水流、森林、山岭、草原、荒地、滩涂、海域等自然资源的所有权或者使用权的决定不服的；	

人民检察院行政诉讼监督规则（试行）	最高人民法院关于适用《中华人民共和国行政诉讼法》若干问题的解释	中华人民共和国行政诉讼法	中华人民共和国行政复议法	中华人民共和国行政复议法实施条例
	第十一条　行政机关为实现公共利益或者行政管理目标，在法定职责范围内，与公民、法人或者其他组织协商订立的具有行政法上权利义务内容的协议，属于行政诉讼法第十二条第一款第十一项规定的行政协议。	（六）申请行政机关履行保护人身权、财产权等合法权益的法定职责，行政机关拒绝履行或者不予答复的； （七）认为行政机关侵犯其经营自主权或者农村土地承包经营权、农村土地经营权的； （八）认为行政机关滥用行政权力排除或者限制竞争的； （九）认为行政机关违法集资、摊派费用或者违法要求履行其他义务的； （十）认为行政机关没有依法支付抚恤金、最低生活保障待遇或者社会保险待遇的； （十一）认为行政机关不依法履行、未按照约定履行或者违法变更、解除政府特许经营协议、土地房屋征收补偿协议等协议的；	（五）认为行政机关侵犯合法的经营自主权的； （六）认为行政机关变更或者废止农业承包合同，侵犯其合法权益的； （七）认为行政机关违法集资、征收财物、摊派费用或者违法要求履行其他义务的； （八）认为符合法定条件，申请行政机关颁发许可证、执照、资质证、资格证等证书，或者申请行政机关审批、登记有关事项，行政机关没有依法办理的； （九）申请行政机关履行保护人身权利、财产权利、受教育权利的法定职责，行政机关没有依法履行的； （十）申请行政机关依法发放抚恤金、社会保险金或者最低生活保障费，行政机关没有依法发放的；	

人民检察院行政诉讼监督规则（试行）	最高人民法院关于适用《中华人民共和国行政诉讼法》若干问题的解释	中华人民共和国行政诉讼法	中华人民共和国行政复议法	中华人民共和国行政复议法实施条例
	公民、法人或者其他组织就下列行政协议提起行政诉讼的，人民法院应当依法受理： （一）政府特许经营协议； （二）土地、房屋等征收征用补偿协议； （三）其他行政协议。	（十二）认为行政机关侵犯其他人身权、财产权等合法权益的。 除前款规定外，人民法院受理法律、法规规定可以提起诉讼的其他行政案件。 **第十三条** 人民法院不受理公民、法人或者其他组织对下列事项提起的诉讼： （一）国防、外交等国家行为； （二）行政法规、规章或者行政机关制定、发布的具有普遍约束力的决定、命令；	（十一）认为行政机关的其他具体行政行为侵犯其合法权益的。	

人民检察院行政诉讼监督规则（试行）	最高人民法院关于适用《中华人民共和国行政诉讼法》若干问题的解释	中华人民共和国行政诉讼法	中华人民共和国行政复议法	中华人民共和国行政复议法实施条例
		（三）行政机关对行政机关工作人员的奖惩、任免等决定； （四）法律规定由行政机关最终裁决的行政行为。	第八条 不服行政机关作出的行政处分或者其他人事处理决定的，依照有关法律、行政法规的规定提出申诉。 不服行政机关对民事纠纷作出的调解或者其他处理，依法申请仲裁或者向人民法院提起诉讼。	
		第三章 管辖		
	第八条 作出原行政行为的行政机关和复议机关为共同被告的，以作出原行政行为的行政机关确定案件的级别管辖。	第十四条 基层人民法院管辖第一审行政案件。 第十五条 中级人民法院管辖下列第一审行政案件： （一）对国务院部门或者县级以上地方人民政府所作的行政行为提起诉讼的案件； （二）海关处理的案件； （三）本辖区内重大、复杂的案件； （四）其他法律规定由中级人民法院管辖的案件。	第三条 依照本法履行行政复议职责的行政机关是行政复议机关。行政复议机关负责法制工作的机构具体办理行政复议事项，履行下列职责： （一）受理行政复议申请； （二）向有关组织和人员调查取证，查阅文件和资料； （三）审查申请行政复议的具体行政行为是否合法与适当，拟订行政复议决定；	第三条 行政复议机构除应当依照行政复议法第三条的规定履行职责外，还应当履行下列职责： （一）依照行政复议法第十八条的规定转送有关行政复议申请； （二）办理行政复议法第二十九条规定的行政赔偿等事项； （三）按照职责权限，督促行政复议申请的受理和行政复议决定的履行； （四）办理行政复议、行政应诉案件统计和重大行政复议决定备案事项；

人民检察院行政诉讼监督规则（试行）	最高人民法院关于适用《中华人民共和国行政诉讼法》若干问题的解释	中华人民共和国行政诉讼法	中华人民共和国行政复议法	中华人民共和国行政复议法实施条例
		第十六条 高级人民法院管辖本辖区内重大、复杂的第一审行政案件。 第十七条 最高人民法院管辖全国范围内重大、复杂的第一审行政案件。	（四）处理或者转送对本法第七条所列有关规定的审查申请； （五）对行政机关违反本法规定的行为依照规定的权限和程序提出处理建议； （六）办理因不服行政复议决定提起行政诉讼的应诉事项； （七）法律、法规规定的其他职责。	（五）办理或者组织办理未经行政复议直接提起行政诉讼的行政应诉事项； （六）研究行政复议工作中发现的问题，及时向有关机关提出改进建议，重大问题及时向行政复议机关报告。
	第十三条 对行政协议提起诉讼的案件，适用行政诉讼法及其司法解释的规定确定管辖法院。	第十八条 行政案件由最初作出行政行为的行政机关所在地人民法院管辖。经复议的案件，也可以由复议机关所在地人民法院管辖。 经最高人民法院批准，高级人民法院可以根据审判工作的实际情况，确定若干人民法院跨行政区域管辖行政案件。 第十九条 对限制人身自由的行政强制措施不服提起的诉讼，由被告所在地或者原告所在地人民法院管辖。		

人民检察院行政诉讼监督规则（试行）	最高人民法院关于适用《中华人民共和国行政诉讼法》若干问题的解释	中华人民共和国行政诉讼法	中华人民共和国行政复议法	中华人民共和国行政复议法实施条例
		第二十条 因不动产提起的行政诉讼，由不动产所在地人民法院管辖。 第二十一条 两个以上人民法院都有管辖权的案件，原告可以选择其中一个人民法院提起诉讼。原告向两个以上有管辖权的人民法院提起诉讼的，由最先立案的人民法院管辖。 第二十二条 人民法院发现受理的案件不属于本院管辖的，应当移送有管辖权的人民法院，受移送的人民法院应当受理。受移送的人民法院认为受移送的案件按照规定不属于本院管辖的，应当报请上级人民法院指定管辖，不得再自行移送。 第二十三条 有管辖权的人民法院由于特殊原因不能行使管辖权的，由上级人民法院指定管辖。 人民法院对管辖权发生争议，由争议双方协商解决。协商不成的，报它们的共同上级人民法院指定管辖。		

人民检察院行政诉讼监督规则（试行）	最高人民法院关于适用《中华人民共和国行政诉讼法》若干问题的解释	中华人民共和国行政诉讼法	中华人民共和国行政复议法	中华人民共和国行政复议法实施条例
		第二十四条 上级人民法院有权审理下级人民法院管辖的第一审行政案件。 下级人民法院对其管辖的第一审行政案件，认为需要由上级人民法院审理或者指定管辖的，可以报请上级人民法院决定。		
		第四章 诉讼参加人		**第二章 行政复议申请**
				第一节 申请人
		第二十五条 行政行为的相对人以及其他与行政行为有利害关系的公民、法人或者其他组织，有权提起诉讼。 有权提起诉讼的公民死亡，其近亲属可以提起诉讼。 有权提起诉讼的法人或者其他组织终止，承受其权利的法人或者其他组织可以提起诉讼。 人民检察院在履行职责中发现生态环境和资源保护、食品药品安全、国有财产保护、国有土地使		第五条 依照行政复议法和本条例的规定申请行政复议的公民、法人或者其他组织为申请人。 第六条 合伙企业申请行政复议的，应当以核准登记的企业为申请人，由执行合伙事务的合伙人代表该企业参加行政复议；其他合伙组织申请行政复议的，由合伙人共同申请行政复议。

人民检察院行政诉讼监督规则（试行）	最高人民法院关于适用《中华人民共和国行政诉讼法》若干问题的解释	中华人民共和国行政诉讼法	中华人民共和国行政复议法	中华人民共和国行政复议法实施条例
		用权出让等领域负有监督管理职责的行政机关违法行使职权或者不作为，致使国家利益或者社会公共利益受到侵害的，应当向行政机关提出检察建议，督促其依法履行职责。行政机关不依法履行职责的，人民检察院依法向人民法院提起诉讼。		
	第六条 行政诉讼法第二十六条第二款规定的"复议机关决定维持原行政行为"，包括复议机关驳回复议申请或者复议请求的情形，但以复议申请不符合受理条件为由驳回的除外。 行政诉讼法第二十六条第二款规定的"复议机关改变原行政行为"，是指复议机关改变原行政行为的处理结果。	**第二十六条** 公民、法人或者其他组织直接向人民法院提起诉讼的，作出行政行为的行政机关是被告。 经复议的案件，复议机关决定维持原行政行为的，作出原行政行为的行政机关和复议机关是共同被告；复议机关改变原行政行为的，复议机关是被告。	**第二十八条** 行政复议机关负责法制工作的机构应当对被申请人作出的具体行政行为进行审查，提出意见，经行政复议机关的负责人同意或者集体讨论通过后，按照下列规定作出行政复议决定： （一）具体行政行为认定事实清楚，证据确凿，适用依据正确，程序合法，内容适当的，决定维持； （二）被申请人不履行法定职责的，决定其在一定期限内履行； （三）具体行政行为有下列情形之一的，决定撤销、变更或者确认该具	前款规定以外的不具备法人资格的其他组织申请行政复议的，由该组织的主要负责人代表该组织参加行政复议；没有主要负责人的，由共同推选的其他成员代表该组织参加行政复议。 **第七条** 股份制企业的股东大会、股东代表大会、董事会认为行政机关作出的具体行政行为侵犯企业合法权益的，可以以企业的名义申请行政复议。

人民检察院行政诉讼监督规则（试行）	最高人民法院关于适用《中华人民共和国行政诉讼法》若干问题的解释	中华人民共和国行政诉讼法	中华人民共和国行政复议法	中华人民共和国行政复议法实施条例
			体行政行为违法；决定撤销或者确定该具体行政行为违法的，可以责令被申请人在一定期限内重新作出具体行政行为： 1. 主要事实不清、证据不足的； 2. 适用依据错误的； 3. 违反法定程序的； 4. 超越或者滥用职权的； 5. 具体行政行为明显不当的。 （四）被申请人不按照本法第二十三条的规定提出书面答复、提交当初作出具体行政行为的证据、依据和其他有关材料的，视为该具体行政行为没有证据、依据，决定撤销该具体行政行为。	**第八条** 同一行政复议案件申请人超过5人的，推选1至5名代表参加行政复议。 **第九条** 行政复议期间，行政复议机构认为申请人以外的公民、法人或者其他组织与被审查的具体行政行为有利害关系的，可以通知其作为第三人参加行政复议。 行政复议期间，申请人以外的公民、法人或者其他组织与被审查的具体行政行为有利害关系的，可以向行政复议机构申请作为第三人参加行政复议。 第三人不参加行政复议，不影响行政复议案件的审理。 **第十条** 申请人、第三人可以委托1至2名代理人参加行政复议。申请人、第三人委托代理人的，应当向行政复议机构提交授权委托书。授权委托书

人民检察院行政诉讼监督规则（试行）	最高人民法院关于适用《中华人民共和国行政诉讼法》若干问题的解释	中华人民共和国行政诉讼法	中华人民共和国行政复议法	中华人民共和国行政复议法实施条例
				应当载明委托事项、权限和期限。公民在特殊情况下无法书面委托的，可以口头委托。口头委托的，行政复议机构应当核实并记录在卷。申请人、第三人解除或者变更委托的，应当书面报告行政复议机构。
				第二节 被申请人
		复议机关在法定期限内未作出复议决定，公民、法人或者其他组织起诉原行政行为的，作出原行政行为的行政机关是被告；起诉复议机关不作为的，复议机关是被告。 两个以上行政机关作出同一行政行为的，共同作出行政行为的行政机关是共同被告。	第三十一条第一款 行政复议机关应当自受理申请之日起六十日内作出行政复议决定；但是法律规定的行政复议期限少于六十日的除外。情况复杂，不能在规定期限内作出行政复议决定的，经行政复议机关的负责人批准，可以适当延长，并告知申请人和被申请人；但是延长期限最多不超过三十日。	第十一条 公民、法人或者其他组织对行政机关的具体行政行为不服，依照行政复议法和本条例的规定申请行政复议的，作出该具体行政行为的行政机关为被申请人。 第十二条 行政机关与法律、法规授权的组织以共同的名义作出具体行政行为的，行政机关和法律、法规授权的组织为共同被申请人。

人民检察院行政诉讼监督规则（试行）	最高人民法院关于适用《中华人民共和国行政诉讼法》若干问题的解释	中华人民共和国行政诉讼法	中华人民共和国行政复议法	中华人民共和国行政复议法实施条例
		行政机关委托的组织所作的行政行为，委托的行政机关是被告。 行政机关被撤销或者职权变更的，继续行使其职权的行政机关是被告。 **第二十七条** 当事人一方或双方为二人以上，因同一行政行为发生的行政案件，或者因同类行政行为发生的行政案件、人民法院认为可以合并审理并经当事人同意的，为共同诉讼。 **第二十八条** 当事人一方人数众多的共同诉讼，可以由当事人推选代表人进行诉讼。代表人的诉讼行为对其所代表的当事人发生效力，但代表人变更、放弃诉讼请求或者承认对方当事人的诉讼请求，应当经被代表的当事人同意。 **第二十九条** 公民、法人或者其他组织同被诉行政行为有利害关系但没有提起诉讼，或者同案件		行政机关与其他组织以共同名义作出具体行政行为的，行政机关为被申请人。 **第十三条** 下级行政机关依照法律、法规、规章规定，经上级行政机关批准作出具体行政行为的，批准机关为被申请人。 **第十四条** 行政机关设立的派出机构、内设机构或者其他组织，未经法律、法规授权，对外以自己名义作出具体行政行为的，该行政机关为被申请人。

人民检察院行政诉讼监督规则（试行）	最高人民法院关于适用《中华人民共和国行政诉讼法》若干问题的解释	中华人民共和国行政诉讼法	中华人民共和国行政复议法	中华人民共和国行政复议法实施条例
		处理结果有利害关系的，可以作为第三人申请参加诉讼，或者由人民法院通知参加诉讼。 人民法院判决第三人承担义务或者减损第三人权益的，第三人有权依法提起上诉。 **第三十条** 没有诉讼行为能力的公民，由其法定代理人代为诉讼。法定代理人互相推诿代理责任的，由人民法院指定其中一人代为诉讼。 **第三十一条** 当事人、法定代理人，可以委托一至二人作为诉讼代理人。 下列人员可以被委托为诉讼代理人： （一）律师、基层法律服务工作者； （二）当事人的近亲属或者工作人员； （三）当事人所在社区、单位以及有关社会团体推荐的公民。		

人民检察院行政诉讼监督规则（试行）	最高人民法院关于适用《中华人民共和国行政诉讼法》若干问题的解释	中华人民共和国行政诉讼法	中华人民共和国行政复议法	中华人民共和国行政复议法实施条例
		第三十二条 代理诉讼的律师，有权按照规定查阅、复制本案有关材料，有权向有关组织和公民调查，收集与本案有关的证据。对涉及国家秘密、商业秘密和个人隐私的材料，应当依照法律规定保密。 当事人和其他诉讼代理人有权按照规定查阅、复制本案庭审材料，但涉及国家秘密、商业秘密和个人隐私的内容除外。		
		第五章　证据		
		第三十三条　证据包括： （一）书证； （二）物证； （三）视听资料； （四）电子数据； （五）证人证言； （六）当事人的陈述； （七）鉴定意见； （八）勘验笔录、现场笔录。 以上证据经法庭审查属实，才能作为认定案件事实的根据。		

人民检察院行政诉讼监督规则（试行）	最高人民法院关于适用《中华人民共和国行政诉讼法》若干问题的解释	中华人民共和国行政诉讼法	中华人民共和国行政复议法	中华人民共和国行政复议法实施条例
	第九条第二款 作出原行政行为的行政机关和复议机关对原行政行为合法性共同承担举证责任，可以由其中一个机关实施举证行为。复议机关对复议程序的合法性承担举证责任。	第三十四条 被告对作出的行政行为负有举证责任，应当提供作出该行政行为的证据和所依据的规范性文件。 被告不提供或者无正当理由逾期提供证据，视为没有相应证据。但是，被诉行政行为涉及第三人合法权益，第三人提供证据的除外。 第三十五条 在诉讼过程中，被告及其诉讼代理人不得自行向原告、第三人和证人收集证据。 第三十六条 被告在作出行政行为时已经收集了证据，但因不可抗力等正当事由不能提供的，经人民法院准许，可以延期提供。原告或者第三人提出了其在行政处理程序中没有提出的理由或者证据的，经人民法院准许，被告可以补充证据。		

人民检察院行政诉讼监督规则（试行）	最高人民法院关于适用《中华人民共和国行政诉讼法》若干问题的解释	中华人民共和国行政诉讼法	中华人民共和国行政复议法	中华人民共和国行政复议法实施条例
		第三十七条　原告可以提供证明行政行为违法的证据。原告提供的证据不成立的，不免除被告的举证责任。 　　第三十八条　在起诉被告不履行法定职责的案件中，原告应当提供其向被告提出申请的证据。但有下列情形之一的除外： 　　（一）被告应当依职权主动履行法定职责的； 　　（二）原告因正当理由不能提供证据的。 　　在行政赔偿、补偿的案件中，原告应当对行政行为造成的损害提供证据。因被告的原因导致原告无法举证的，由被告承担举证责任。 　　第三十九条　人民法院有权要求当事人提供或者补充证据。 　　第四十条　人民法院有权向有关行政机关以及其他组织、公民调取证据。但是，不得为证明行政行为的合法性调取被告作出		

人民检察院行政诉讼监督规则（试行）	最高人民法院关于适用《中华人民共和国行政诉讼法》若干问题的解释	中华人民共和国行政诉讼法	中华人民共和国行政复议法	中华人民共和国行政复议法实施条例
		行政行为时未收集的证据。 **第四十一条** 与本案有关的下列证据，原告或者第三人不能自行收集的，可以申请人民法院调取： （一）由国家机关保存而须由人民法院调取的证据； （二）涉及国家秘密、商业秘密和个人隐私的证据； （三）确因客观原因不能自行收集的其他证据。 **第四十二条** 在证据可能灭失或者以后难以取得的情况下，诉讼参加人可以向人民法院申请保全证据，人民法院也可以主动采取保全措施。 **第四十三条** 证据应当在法庭上出示，并由当事人互相质证。对涉及国家秘密、商业秘密和个人隐私的证据，不得在公开开庭时出示。 人民法院应当按照法定程序，全面、客观地审查核实证据。对未采纳的证据应当在裁判文书中说明理由。		

人民检察院行政诉讼监督规则（试行）	最高人民法院关于适用《中华人民共和国行政诉讼法》若干问题的解释	中华人民共和国行政诉讼法	中华人民共和国行政复议法	中华人民共和国行政复议法实施条例
		以非法手段取得的证据，不得作为认定案件事实的根据。		
		第六章 起诉和受理	**第三章 行政复议申请**	**第三节 行政复议申请期限**
			第九条 公民、法人或者其他组织认为具体行政行为侵犯其合法权益的，可以自知道该具体行政行为之日起六十日内提出行政复议申请；但是法律规定的申请期限超过六十日的除外。 因不可抗力或者其他正当理由耽误法定申请期限的，申请期限自障碍消除之日起继续计算。 第十条 依照本法申请行政复议的公民、法人或者其他组织是申请人。 有权申请行政复议的公民死亡，其近亲属可以申请行政复议。有权申请行政复议的公民为无民事行为能力人或者限制民事行为能力人的，其法定代理人可以代为申请行政复议。有权申请行政复议	第十五条 条行政复议法第九条第一款规定的行政复议申请期限的计算，依照下列规定办理： （一）当场作出具体行政行为的，自具体行政行为作出之日起计算； （二）载明具体行政行为的法律文书直接送达的，自受送达人签收之日起计算； （三）载明具体行政行为的法律文书邮寄送达的，自受送达人在邮件签收单上签收之日起计算；没有邮件签收单的，自受送达人在送达回执上签名之日起计算； （四）具体行政行为依法通过公告形式告知受送达人的，自公告规定的期限届满之日起计算；

人民检察院行政诉讼监督规则（试行）	最高人民法院关于适用《中华人民共和国行政诉讼法》若干问题的解释	中华人民共和国行政诉讼法	中华人民共和国行政复议法	中华人民共和国行政复议法实施条例
			的法人或者其他组织终止的，承受其权利的法人或者其他组织可以申请行政复议。 　　同申请行政复议的具体行政行为有利害关系的其他公民、法人或者其他组织，可以作为第三人参加行政复议。 　　公民、法人或者其他组织对行政机关的具体行政行为不服申请行政复议的，作出具体行政行为的行政机关是被申请人。申请人、第三人可以委托代理人代为参加行政复议。 　　**第十一条**　申请人申请行政复议，可以书面申请，也可以口头申请；口头申请的，行政复议机关应当当场记录申请人的基本情况、行政复议请求、申请行政复议的主要事实、理由和时间。 　　**第十二条**　对县级以上地方各级人民政府工作部门的具体行政行为不服的，由申请人选择，可以向该部门的本级人民政府	（五）行政机关作出具体行政行为时未告知公民、法人或者其他组织，事后补充告知的，自该公民、法人或者其他组织收到行政机关补充告知的通知之日起计算； 　　（六）被申请人能够证明公民、法人或者其他组织知道具体行政行为的，自证据材料证明其知道具体行政行为之日起计算。 　　行政机关作出具体行政行为，依法应当向有关公民、法人或者其他组织送达法律文书而未送达的，视为该公民、法人或者其他组织不知道该具体行政行为。 　　**第十六条**　公民、法人或者其他组织依照行政复议法第六条第（八）项、第（九）项、第（十）项的规定申请行政机关履行

人民检察院行政诉讼监督规则（试行）	最高人民法院关于适用《中华人民共和国行政诉讼法》若干问题的解释	中华人民共和国行政诉讼法	中华人民共和国行政复议法	中华人民共和国行政复议法实施条例
			申请行政复议，也可以向上一级主管部门申请行政复议。 对海关、金融、国税、外汇管理等实行垂直领导的行政机关和国家安全机关的具体行政行为不服的，向上一级主管部门申请行政复议。 **第十三条** 对地方各级人民政府的具体行政行为不服的，向上一级地方人民政府申请行政复议。 对省、自治区人民政府依法设立的派出机关所属的县级地方人民政府的具体行政行为不服的，向该派出机关申请行政复议。 **第十四条** 对国务院部门或者省、自治区、直辖市人民政府的具体行政行为不服的，向作出该具体行政行为的国务院部门或省、自治区、直辖市人民政府申请行政复议。对行政复议决定不服的，可以向人民法院提起行政	法定职责，行政机关未履行的，行政复议申请期限依照下列规定计算： （一）有履行期限规定的，自履行期限届满之日起计算； （二）没有履行期限规定的，自行政机关收到申请满60日起计算。 公民、法人或者其他组织在紧急情况下请求行政机关履行保护人身权、财产权的法定职责，行政机关不履行的，行政复议申请期限不受前款规定的限制。 **第十七条** 行政机关作出的具体行政行为对公民、法人或者其他组织的权利、义务可能产生不利影响的，应当告知其申请行政复议的权利、行政复议机关和行政复议申请期限。

人民检察院行政诉讼监督规则（试行）	最高人民法院关于适用《中华人民共和国行政诉讼法》若干问题的解释	中华人民共和国行政诉讼法	中华人民共和国行政复议法	中华人民共和国行政复议法实施条例
			诉讼；也可以向国务院申请裁决，国务院依照本法的规定作出最终裁决。 **第十五条** 对本法第十二条、第十三条、第十四条规定以外的其他行政机关、组织的具体行政行为不服的，按照下列规定申请行政复议： （一）对县级以上地方人民政府依法设立的派出机关的具体行政行为不服的，向设立该派出机关的人民政府申请行政复议； （二）对政府工作部门依法设立的派出机构依照法律、法规或者规章规定，以自己的名义作出的具体行政行为不服的，向设立该派出机构的部门或者该部门的本级地方人民政府申请行政复议； （三）对法律、法规授权的组织的具体行政行为不服的，分别向直接管理该组织的地方人民政府、地方人民政府工作部门或者国务院部门申请行政复议；	**第四节 行政复议申请的提出** **第十八条** 申请人书面申请行政复议的，可以采取当面递交、邮寄或者传真等方式提出行政复议申请。 有条件的行政复议机构可以接受以电子邮件形式提出的行政复议申请。 **第十九条** 申请人书面申请行政复议的，应当在行政复议申请书中载明下列事项： （一）申请人的基本情况，包括：公民的姓名、性别、年龄、身份证号码、工作单位、住所、邮政编码；法人或者其他组织的名称、住所、邮政编码和法定代表人或者主要负责人的姓名、职务； （二）被申请人的名称； （三）行政复议请求、申请行政复议的主要事实和理由； （四）申请人的签名或者盖章； （五）申请行政复议的日期。

人民检察院行政诉讼监督规则（试行）	最高人民法院关于适用《中华人民共和国行政诉讼法》若干问题的解释	中华人民共和国行政诉讼法	中华人民共和国行政复议法	中华人民共和国行政复议法实施条例
			（四）对两个或者两个以上行政机关以共同的名义作出的具体行政行为不服的，向其共同上一级行政机关申请行政复议； （五）对被撤销的行政机关在撤销前所作出的具体行政行为不服的，向继续行使其职权的行政机关的上一级行政机关申请行政复议。 有前款所列情形之一的，申请人也可以向具体行政行为发生地的县级地方人民政府提出行政复议申请，由接受申请的县级地方人民政府依照本法第十八条的规定办理。 **第十六条** 公民、法人或者其他组织申请行政复议，行政复议机关已经依法受理的，或者法律、法规规定应当先向行政复议机关申请行政复议、对行政复议决定不服再向人民法院提起行政诉讼的，在法定行政复议期限内不得向人民法院提起行政诉讼。	**第二十条** 申请人口头申请行政复议的，行政复议机构应当依照本条例第十九条规定的事项，当场制作行政复议申请笔录交申请人核对或者向申请人宣读，并由申请人签字确认。 **第二十一条** 有下列情形之一的，申请人应当提供证明材料： （一）认为被申请人不履行法定职责的，提供曾经要求被申请人履行法定职责而被申请人未履行的证明材料； （二）申请行政复议时一并提出行政赔偿请求的，提供受具体行政行为侵害而造成损害的证明材料； （三）法律、法规规定需要申请人提供证据材料的其他情形。

人民检察院行政诉讼监督规则（试行）	最高人民法院关于适用《中华人民共和国行政诉讼法》若干问题的解释	中华人民共和国行政诉讼法	中华人民共和国行政复议法	中华人民共和国行政复议法实施条例
			公民、法人或者其他组织向人民法院提起行政诉讼，人民法院已经依法受理的，不得申请行政复议。	**第二十二条** 申请人提出行政复议申请时错列被申请人的，行政复议机构应当告知申请人变更被申请人。 **第二十三条** 申请人对两个以上国务院部门共同作出的具体行政行为不服的，依照行政复议法第十四条的规定，可以向其中任何一个国务院部门提出行政复议申请，由作出具体行政行为的国务院部门共同作出行政复议决定。 **第二十四条** 申请人对经国务院批准实行省以下垂直领导的部门作出的具体行政行为不服的，可以选择向该部门的本级人民政府或者上一级主管部门申请行政复议；省、自治区、直辖市另有规定的，依照省、自治区、直辖市的规定办理。

人民检察院行政诉讼监督规则（试行）	最高人民法院关于适用《中华人民共和国行政诉讼法》若干问题的解释	中华人民共和国行政诉讼法	中华人民共和国行政复议法	中华人民共和国行政复议法实施条例
				第二十五条 申请人依照行政复议法第三十条第二款的规定申请行政复议的，应当向省、自治区、直辖市人民政府提出行政复议申请。 第二十六条 依照行政复议法第七条的规定，申请人认为具体行政行为所依据的规定不合法的，可以在对具体行政行为申请行政复议的同时一并提出对该规定的审查申请；申请人在对具体行政行为提出行政复议申请时尚不知道该具体行政行为所依据的规定的，可以在行政复议机关作出行政复议决定前向行政复议机关提出对该规定的审查申请。
			第四章 行政复议受理	第三章 行政复议受理
			第十七条 行政复议机关收到行政复议申请后，应当在五日内进行审查，对不符合本法规定的行政复议申请，决定不予受理，	第二十七条 公民、法人或者其他组织认为行政机关的具体行政行为侵犯其合法权益提出行政复议申请，除不符合行政复

人民检察院行政诉讼监督规则（试行）	最高人民法院关于适用《中华人民共和国行政诉讼法》若干问题的解释	中华人民共和国行政诉讼法	中华人民共和国行政复议法	中华人民共和国行政复议法实施条例
			并书面告知申请人；对符合本法规定，但是不属于本机关受理的行政复议申请，应当告知申请人向有关行政复议机关提出。 除前款规定外，行政复议申请自行政复议机关负责法制工作的机构收到之日起即为受理。 **第十八条** 依照本法第十五条第二款的规定接受行政复议申请的县级地方人民政府，对依照本法第十五条第一款的规定属于其他行政复议机关受理的行政复议申请，应当自接到该行政复议申请之日起七日内，转送有关行政复议机关，并告知申请人。接受转送的行政复议机关应当依照本法第十七条的规定办理。	议法和本条例规定的申请条件的，行政复议机关必须受理。 **第二十八条** 行政复议申请符合下列规定的，应当予以受理： （一）有明确的申请人和符合规定的被申请人； （二）申请人与具体行政行为有利害关系； （三）有具体的行政复议请求和理由； （四）在法定申请期限内提出； （五）属于行政复议法规定的行政复议范围； （六）属于收到行政复议申请的行政复议机构的职责范围； （七）其他行政复议机关尚未受理同一行政复议申请，人民法院尚未受理同一主体就同一事实提起的行政诉讼。

人民检察院行政诉讼监督规则（试行）	最高人民法院关于适用《中华人民共和国行政诉讼法》若干问题的解释	中华人民共和国行政诉讼法	中华人民共和国行政复议法	中华人民共和国行政复议法实施条例
				第二十九条 行政复议申请材料不齐全或者表述不清楚的，行政复议机构可以自收到该行政复议申请之日起5日内书面通知申请人补正。补正通知应当载明需要补正的事项和合理的补正期限。无正当理由逾期不补正的，视为申请人放弃行政复议申请。补正申请材料所用时间不计入行政复议审理期限。 **第三十条** 申请人就同一事项向两个或者两个以上有权受理的行政机关申请行政复议的，由最先收到行政复议申请的行政机关受理；同时收到行政复议申请的，由收到行政复议申请的行政机关在10日内协商确定；协商不成的，由其共同上一级行政机关在10日内指定受理机关。协商确定或者指定受理机关所用时间不计入行政复议审理期限。

人民检察院行政诉讼监督规则（试行）	最高人民法院关于适用《中华人民共和国行政诉讼法》若干问题的解释	中华人民共和国行政诉讼法	中华人民共和国行政复议法	中华人民共和国行政复议法实施条例
			第二十条 公民、法人或者其他组织依法提出行政复议申请，行政复议机关无正当理由不予受理的，上级行政机关应当责令其受理；必要时，上级行政机关也可以直接受理。 第二十一条 行政复议期间具体行政行为不停止执行；但是，有下列情形之一的，可以停止执行： （一）被申请人认为需要停止执行的； （二）行政复议机关认为需要停止执行的； （三）申请人申请停止执行，行政复议机关认为其要求合理，决定停止执行的； （四）法律规定停止执行的。	第三十一条 依照行政复议法第二十条的规定，上级行政机关认为行政复议机关不予受理行政复议申请的理由不成立的，可以先行督促其受理；经督促仍不受理的，应当责令其限期受理，必要时也可以直接受理；认为行政复议申请不符合法定受理条件的，应当告知申请人。

人民检察院行政诉讼监督规则（试行）	最高人民法院关于适用《中华人民共和国行政诉讼法》若干问题的解释	中华人民共和国行政诉讼法	中华人民共和国行政复议法	中华人民共和国行政复议法实施条例
			第五章　行政复议决定	第四章　行政复议决定
			第二十二条　行政复议原则上采取书面审查的办法，但是申请人提出要求或者行政复议机关负责法制工作的机构认为有必要时，可以向有关组织和人员调查情况，听取申请人、被申请人和第三人的意见。	第三十二条　行政复议机构审理行政复议案件，应当由2名以上行政复议人员参加。 第三十三条　行政复议机构认为必要时，可以实地调查核实证据；对重大、复杂的案件，申请人提出要求或者行政复议机构认为必要时，可以采取听证的方式审理。 第三十四条　行政复议人员向有关组织和人员调查取证时，可以查阅、复制、调取有关文件和资料，向有关人员进行询问。 　　调查取证时，行政复议人员不得少于2人，并应当向当事人或有关人员出示证件。被调查单位和人员应配合行政复议人员的工作，不得拒绝或者阻挠。 　　需要现场勘验的，现场勘验所用时间不计入行政复议审理期限。

人民检察院行政诉讼监督规则（试行）	最高人民法院关于适用《中华人民共和国行政诉讼法》若干问题的解释	中华人民共和国行政诉讼法	中华人民共和国行政复议法	中华人民共和国行政复议法实施条例
			第二十三条 行政复议机关负责法制工作的机构应当自行政复议申请受理之日起七日内，将行政复议申请书副本或者行政复议申请笔录复印件发送被申请人。被申请人应当自收到申请书副本或者申请笔录复印件之日起十日内，提出书面答复，并提交当初作出具体行政行为的证据、依据和其他有关材料。 申请人、第三人可以查阅被申请人提出的书面答复、作出具体行政行为的证据、依据和其他有关材料，除涉及国家秘密、商业秘密或者个人隐私外，行政复议机关不得拒绝。	第六十三条 拒绝或者阻挠行政复议人员调查取证、查阅、复制、调取有关文件和资料的，对有关责任人员依法给予处分或者治安处罚；构成犯罪的，依法追究刑事责任。（第六章） 第三十五条 行政复议机关应当为申请人、第三人查阅有关材料提供必要条件。 第四十六条 被申请人未依照行政复议法第二十三条的规定提出书面答复、提交当初作出具体行政行为的证据、依据和其他有关材料的，视为该具体行政行为没有证据、依据，行政复议机关应当决定撤销该具体行政行为。

人民检察院行政诉讼监督规则（试行）	最高人民法院关于适用《中华人民共和国行政诉讼法》若干问题的解释	中华人民共和国行政诉讼法	中华人民共和国行政复议法	中华人民共和国行政复议法实施条例
			第二十四条 在行政复议过程中，被申请人不得自行向申请人和其他有关组织或者个人收集证据。	第三十六条 依照行政复议法第十四条的规定申请原级行政复议的案件，由原承办具体行政行为有关事项的部门或者机构提出书面答复，并提交作出具体行政行为的证据、依据和其他有关材料。 第三十七条 行政复议期间涉及专门事项需要鉴定的，当事人可以自行委托鉴定机构进行鉴定，也可以申请行政复议机构委托鉴定机构进行鉴定。鉴定费用由当事人承担。鉴定所用时间不计入行政复议审理期限。
			第二十五条 行政复议决定作出前，申请人要求撤回行政复议申请的，经说明理由，可以撤回；撤回行政复议申请的，行政复议终止。	第三十八条 申请人在行政复议决定作出前自愿撤回行政复议申请的，经行政复议机构同意，可以撤回。 申请人撤回行政复议申请的，不得再以同一事实和理由提出行政复议申请。但是，申请人能够证明撤回行政复议申请违背其真实意思表示的除外。

人民检察院行政诉讼监督规则（试行）	最高人民法院关于适用《中华人民共和国行政诉讼法》若干问题的解释	中华人民共和国行政诉讼法	中华人民共和国行政复议法	中华人民共和国行政复议法实施条例
				第三十九条 行政复议期间被申请人改变原具体行政行为的，不影响行政复议案件的审理。但是，申请人依法撤回行政复议申请的除外。
			第二十六条 申请人在申请行政复议时，一并提出对本法第七条所列有关规定的审查申请的，行政复议机关对该规定有权处理的，应当在三十日内依法处理；无权处理的，应当在七日内按照法定程序转送有权处理的行政机关依法处理，有权处理的行政机关应当在六十日内依法处理。处理期间，中止对具体行政行为的审查。	
			第二十七条 行政复议机关在对被申请人作出的具体行政行为进行审查时，认为其依据不合法，本机关有权处理的，应当在三十日内依法处理；无权处理的，应当在七日内	第五十七条第二款 行政复议期间行政复议机构发现法律、法规、规章实施中带有普遍性的问题，可以制作行政复议建议书，向有关机关提出完善制度和改进行政执法的建议。

36

人民检察院行政诉讼监督规则（试行）	最高人民法院关于适用《中华人民共和国行政诉讼法》若干问题的解释	中华人民共和国行政诉讼法	中华人民共和国行政复议法	中华人民共和国行政复议法实施条例
			按照法定程序转送有权处理的国家机关依法处理。处理期间，中止对具体行政行为的审查。	**第四十条** 公民、法人或者其他组织对行政机关行使法律、法规规定的自由裁量权作出的具体行政行为不服申请行政复议，申请人与被申请人在行政复议决定作出前自愿达成和解的，应当向行政复议机构提交书面和解协议；和解内容不损害社会公共利益和他人合法权益的，行政复议机构应当准许。 **第四十一条** 行政复议期间有下列情形之一，影响行政复议案件审理的，行政复议中止： （一）作为申请人的自然人死亡，其近亲属尚未确定是否参加行政复议的； （二）作为申请人的自然人丧失参加行政复议的能力，尚未确定法定代理人参加行政复议的； （三）作为申请人的法人或者其他组织终止，尚未确定权利义务承受人的；

人民检察院行政诉讼监督规则（试行）	最高人民法院关于适用《中华人民共和国行政诉讼法》若干问题的解释	中华人民共和国行政诉讼法	中华人民共和国行政复议法	中华人民共和国行政复议法实施条例
				（四）作为申请人的自然人下落不明或者被宣告失踪的； （五）申请人、被申请人因不可抗力，不能参加行政复议的； （六）案件涉及法律适用问题，需要有权机关作出解释或者确认的； （七）案件审理需要以其他案件的审理结果为依据，而其他案件尚未审结的； （八）其他需要中止行政复议的情形。 行政复议中止的原因消除后，应当及时恢复行政复议案件的审理。 行政复议机构中止、恢复行政复议案件的审理，应当告知有关当事人。 **第四十二条** 行政复议期间有下列情形之一的，行政复议终止： （一）申请人要求撤回行政复议申请，行政复议机构准予撤回的；

人民检察院行政诉讼监督规则（试行）	最高人民法院关于适用《中华人民共和国行政诉讼法》若干问题的解释	中华人民共和国行政诉讼法	中华人民共和国行政复议法	中华人民共和国行政复议法实施条例
				（二）作为申请人的自然人死亡，没有近亲属或者其近亲属放弃行政复议权利的； （三）作为申请人的法人或者其他组织终止，其权利义务的承受人放弃行政复议权利的； （四）申请人与被申请人依照本条例第四十条的规定，经行政复议机构准许达成和解的； （五）申请人对行政拘留或者限制人身自由的行政强制措施不服申请行政复议后，因申请人同一违法行为涉嫌犯罪，该行政拘留或者限制人身自由的行政强制措施变更为刑事拘留的。 依照本条例第四十一条第一款第(一)项、第(二)项、第(三)项规定中止行政复议，满60日行政复议中止的原因仍未消除的，行政复议终止。

人民检察院行政诉讼监督规则（试行）	最高人民法院关于适用《中华人民共和国行政诉讼法》若干问题的解释	中华人民共和国行政诉讼法	中华人民共和国行政复议法	中华人民共和国行政复议法实施条例
			第二十八条 行政复议机关负责法制工作的机构应当对被申请人作出的具体行政行为进行审查，提出意见，经行政复议机关的负责人同意或者集体讨论通过后，按照下列规定作出行政复议决定： （一）具体行政行为认定事实清楚，证据确凿，适用依据正确，程序合法，内容适当的，决定维持； （二）被申请人不履行法定职责的，决定其在一定期限内履行； （三）具体行政行为有下列情形之一的，决定撤销、变更或者确认该具体行政行为违法；决定撤	第四十三条 依照行政复议法第二十八条第一款第（一）项规定，具体行政行为认定事实清楚，证据确凿，适用依据正确，程序合法，内容适当的，行政复议机关应当决定维持。 第四十四条 依照行政复议法第二十八条第一款第（二）项规定，被申请人不履行法定职责的，行政复议机关应当决定其在一定期限内履行法定职责。 第四十五条 具体行政行为有行政复议法第二十八条第一款第（三）项规定情形之一的，行政复

人民检察院行政诉讼监督规则（试行）	最高人民法院关于适用《中华人民共和国行政诉讼法》若干问题的解释	中华人民共和国行政诉讼法	中华人民共和国行政复议法	中华人民共和国行政复议法实施条例
			销或者确认该具体行政行为违法的，可以责令被申请人在一定期限内重新作出具体行政行为： 1. 主要事实不清、证据不足的； 2. 适用依据错误的； 3. 违反法定程序的； 4. 超越或者滥用职权的； 5. 具体行政行为明显不当的。	议机关应当决定撤销、变更该具体行政行为或者确认该具体行政行为违法；决定撤销该具体行政行为或者确认该具体行政行为违法的，可以责令被申请人在一定期限内重新作出具体行政行为。 **第四十七条** 具体行政行为有下列情形之一，行政复议机关可以决定变更： （一）认定事实清楚，证据确凿，程序合法，但是明显不当或者适用依据错误的； （二）认定事实不清，证据不足，但是经行政复议机关审理查明事实清楚，证据确凿的。
			（四）被申请人不按照本法第二十三条的规定提出书面答复、提交当初作出具体行政行为的证据、依据和其他有关材料的，视为该具体行政行为没有证据、依据，决定撤销该具体行政行为。	**第四十六条** 被申请人未依照行政复议法第二十三条的规定提出书面答复、提交当初作出具体行政行为的证据、依据和其他有关材料的，视为该具体行政行为没有证据、依据，行政复议机关应当决定撤销该具体行政行为。

人民检察院行政诉讼监督规则（试行）	最高人民法院关于适用《中华人民共和国行政诉讼法》若干问题的解释	中华人民共和国行政诉讼法	中华人民共和国行政复议法	中华人民共和国行政复议法实施条例
			行政复议机关责令被申请人重新作出具体行政行为的，被申请人不得以同一的事实和理由作出与原具体行政行为相同或者基本相同的具体行政行为。	**第四十九条** 行政复议机关依照行政复议法第二十八条的规定责令被申请人重新作出具体行政行为的，被申请人应当在法律、法规、规章规定的期限内重新作出具体行政行为；法律、法规、规章未规定期限的，重新作出具体行政行为的期限为60日。 公民、法人或者其他组织对被申请人重新作出的具体行政行为不服，可以依法申请行政复议或者提起行政诉讼。 **第四十八条** 有下列情形之一的，行政复议机关应当决定驳回行政复议申请： （一）申请人认为行政机关不履行法定职责申请行政复议，行政复议机关受理后发现该行政机关没有相应法定职责或者在受理前已经履行法定职责的；

人民检察院行政诉讼监督规则（试行）	最高人民法院关于适用《中华人民共和国行政诉讼法》若干问题的解释	中华人民共和国行政诉讼法	中华人民共和国行政复议法	中华人民共和国行政复议法实施条例
			第二十九条 申请人在申请行政复议时可以一并提出行政赔偿请求，行政复议机关对符合国家赔偿法的有关规定应当给予赔偿的，在决定撤销、变更具体行政行为或者确认具体行政行为违法时，应当同时决定被申请人依法给予赔偿。 申请人在申请行政复议时没有提出行政赔偿请求的，行政复议机关在依法决定撤销或者变更罚款，撤销违法集资、没收财物、征收财物、摊派费用以及对财产的查封、扣押、冻结等具体行政行为时，应当同时责令被申请人返还财产，解除对财产的查封、扣押、冻结措施，或者赔偿相应的价款。	（二）受理行政复议申请后，发现该行政复议申请不符合行政复议法和本条例规定的受理条件的。 上级行政机关认为行政复议机关驳回行政复议申请的理由不成立的，应当责令其恢复审理。

人民检察院行政诉讼监督规则（试行）	最高人民法院关于适用《中华人民共和国行政诉讼法》若干问题的解释	中华人民共和国行政诉讼法	中华人民共和国行政复议法	中华人民共和国行政复议法实施条例
				第五十条　有下列情形之一的，行政复议机关可以按照自愿、合法的原则进行调解： （一）公民、法人或者其他组织对行政机关行使法律、法规规定的自由裁量权作出的具体行政行为不服申请行政复议的； （二）当事人之间的行政赔偿或者行政补偿纠纷。 当事人经调解达成协议的，行政复议机关应当制作行政复议调解书。调解书应当载明行政复议请求、事实、理由和调解结果，并加盖行政复议机关印章。行政复议调解书经双方当事人签字，即具有法律效力。 调解未达成协议或者调解书生效前一方反悔的，行政复议机关应当及时作出行政复议决定。
			第三十一条　行政复议机关应当自受理申请之日起六十日内作出行政复议决定；但是法律规定的行政复议期限少于六十日	第五十一条　行政复议机关在申请人的行政复议请求范围内，不得作出对申请人更为不利的行政复议决定。

人民检察院行政诉讼监督规则（试行）	最高人民法院关于适用《中华人民共和国行政诉讼法》若干问题的解释	中华人民共和国行政诉讼法	中华人民共和国行政复议法	中华人民共和国行政复议法实施条例
		第四十四条 对属于人民法院受案范围的行政案件，公民、法人或者其他组织可以先向行政机关申请复议，对复议决定不服的，再向人民法院提起诉讼；也可以直接向人民法院提起诉讼。 法律、法规规定应当先向行政机关申请复议，对复议决定不服再向人民法院提起诉讼的，依照法律、法规的规定。	的除外。情况复杂，不能在规定期限内作出行政复议决定的，经行政复议机关的负责人批准，可以适当延长，并告知申请人和被申请人；但是延长期限最多不超过三十日。 行政复议机关作出行政复议决定，应当制作行政复议决定书，并加盖印章。 行政复议决定书一经送达，即发生法律效力。 **第十九条** 法律、法规规定应当先向行政复议机关申请行政复议、对行政复议决定不服再向人民法院提起行政诉讼的，行政复议机关决定不予受理或者受理后超过行政复议	

人民检察院行政诉讼监督规则（试行）	最高人民法院关于适用《中华人民共和国行政诉讼法》若干问题的解释	中华人民共和国行政诉讼法	中华人民共和国行政复议法	中华人民共和国行政复议法实施条例
	第七条 复议机关决定维持原行政行为的，作出原行政行为的行政机关和复议机关是共同被告。原告只起诉作出原行政行为的行政机关或者复议机关的，人民法院应当告知原告追加被告。原告不同意追加的，人民法院应当将另一机关列为共同被告。	第四十五条 公民、法人或者其他组织不服复议决定的，可以在收到复议决定书之日起十五日内向人民法院提起诉讼。复议机关逾期不作决定的，申请人可以在复议期满之日起十五日内向人民法院提起诉讼。法律另有规定的除外。	期限不作答复的，公民、法人或者其他组织可以自收到不予受理决定书之日起或者行政复议期满之日起十五日内，依法向人民法院提起行政诉讼。 第三十条 公民、法人或者其他组织认为行政机关的具体行政行为侵犯其已经依法取得的土地、矿藏、水流、森林、山岭、草原、荒地、滩涂、海域等自然资源的所有权或者使用权的，应当先申请行政复议；对行政复议决定不服的，可以依法向人民法院提起行政诉讼。 根据国务院或者省、自治区、直辖市人民政府对行政区划的勘定、调整或者征收土地的决定，省、自治区、直辖市人民政府确认土地、矿藏、水流、森林、山岭、草原、荒地、滩涂、海域等自然资源的所有权或者使用权的行政复议决定为最终裁决。	

人民检察院行政诉讼监督规则（试行）	最高人民法院关于适用《中华人民共和国行政诉讼法》若干问题的解释	中华人民共和国行政诉讼法	中华人民共和国行政复议法	中华人民共和国行政复议法实施条例
	第九条第一款 复议机关决定维持原行政行为的，人民法院应当在审查原行政行为合法性的同时，一并审查复议程序的合法性。 第十条 人民法院对原行政行为作出判决的同时，应当对复议决定一并作出相应判决。 人民法院判决撤销原行政行为和复议决定的，可以判决作出原行政行为的行政机关重新作出行政行为。 人民法院判决作出原行政行为的行政机关履行法定职责或者给付义务的，应当同时判决撤销复议决定。 原行政行为合法、复议决定违反法定程序的，应当判决确认复议决定违法，同时判决驳回原告针对原行政行为的诉讼请求。 原行政行为被撤销、确认违法或者无效，给原告造成损失的，应当由作出原行政行为的行政机关承担赔偿责任；因复议程序违法给原告造成损失的，由复议机关承担赔偿责任。	第七十九条 复议机关与作出原行政行为的行政机关为共同被告的案件，人民法院应当对复议决定和原行政行为一并作出裁判。		

人民检察院行政诉讼监督规则（试行）	最高人民法院关于适用《中华人民共和国行政诉讼法》若干问题的解释	中华人民共和国行政诉讼法	中华人民共和国行政复议法	中华人民共和国行政复议法实施条例
	第四条 公民、法人或者其他组织依照行政诉讼法第四十七条第一款的规定，对行政机关不履行法定职责提起诉讼的，应当在行政机关履行法定职责期限届满之日起六个月内提出。	第四十六条 公民、法人或者其他组织直接向人民法院提起诉讼的，应当自知道或者应当知道作出行政行为之日起六个月内提出。法律另有规定的除外。 因不动产提起诉讼的案件自行政行为作出之日起超过二十年，其他案件自行政行为作出之日起超过五年提起诉讼的，人民法院不予受理。 第四十七条 公民、法人或者其他组织申请行政机关履行保护其人身权、财产权等合法权益的法定职责，行政机关在接到申请之日起两个月内不履行的，公民、法人或者其他组织可以向人民法院提起诉讼。法律、法规对行政机关履行职责的期限另有规定的，从其规定。		

人民检察院行政诉讼监督规则（试行）	最高人民法院关于适用《中华人民共和国行政诉讼法》若干问题的解释	中华人民共和国行政诉讼法	中华人民共和国行政复议法	中华人民共和国行政复议法实施条例
	第二十条 公民、法人或者其他组织请求人民法院一并审查行政诉讼法第五十三条规定的规范性文件，应当在第一审开庭审理前提出；有正当理由的，也可以在法庭调查中提出。 第二十一条 规范性文件不合法的，人民法院不作为认定行政行为合法的依据，并在裁判理由中予以阐明。作出生效裁判的人民法院应当向规范性文件的制定机关提出处理建议，并可以抄送制定机关的同级人民政府或者上一级行政机关。	公民、法人或者其他组织在紧急情况下请求行政机关履行保护其人身权、财产权等合法权益的法定职责，行政机关不履行的，提起诉讼不受前款规定期限的限制。 第五十三条 公民、法人或者其他组织认为行政行为所依据的国务院部门和地方人民政府及其部门制定的规范性文件不合法，在对行政行为提起诉讼时，可以一并请求对该规范性文件进行审查。	第七条 公民、法人或者其他组织认为行政机关的具体行政行为所依据的下列规定不合法，在对具体行政行为申请行政复议时，可以一并向行政复议机关提出对该规定的审查申请： （一）国务院部门的规定； （二）县级以上地方各级人民政府及其工作部门的规定； （三）乡、镇人民政府的规定。	第五十七条第二款 行政复议期间行政复议机构发现法律、法规、规章实施中带有普遍性的问题，可以制作行政复议建议书，向有关机关提出完善制度和改进行政执法的建议。

人民检察院行政诉讼监督规则（试行）	最高人民法院关于适用《中华人民共和国行政诉讼法》若干问题的解释	中华人民共和国行政诉讼法	中华人民共和国行政复议法	中华人民共和国行政复议法实施条例
		前款规定的规范性文件不含规章。

第四十八条 公民、法人或者其他组织因不可抗力或者其他不属于其自身的原因耽误起诉期限的，被耽误的时间不计算在起诉期限内。
公民、法人或者其他组织因前款规定以外的其他特殊情况耽误起诉期限的，在障碍消除后十日内，可以申请延长期限，是否准许由人民法院决定。
第四十九条 提起诉讼应当符合下列条件：
（一）原告是符合本法第二十五条规定的公民、法人或者其他组织；
（二）有明确的被告； | 前款所列规定不含国务院部、委员会规章和地方人民政府规章。规章的审查依照法律、行政法规办理。 | |

人民检察院行政诉讼监督规则（试行）	最高人民法院关于适用《中华人民共和国行政诉讼法》若干问题的解释	中华人民共和国行政诉讼法	中华人民共和国行政复议法	中华人民共和国行政复议法实施条例
	第二条 行政诉讼法第四十九条第三项规定的"有具体的诉讼请求"是指： （一）请求判决撤销或者变更行政行为； （二）请求判决行政机关履行法定职责或者给付义务； （三）请求判决确认行政行为违法； （四）请求判决确认行政行为无效； （五）请求判决行政机关予以赔偿或者补偿； （六）请求解决行政协议争议； （七）请求一并审查规章以下规范性文件； （八）请求一并解决相关民事争议； （九）其他诉讼请求。 当事人未能正确表达诉讼请求的，人民法院应当予以释明。	（三）有具体的诉讼请求和事实根据；		

人民检察院行政诉讼监督规则（试行）	最高人民法院关于适用《中华人民共和国行政诉讼法》若干问题的解释	中华人民共和国行政诉讼法	中华人民共和国行政复议法	中华人民共和国行政复议法实施条例
	第三条 有下列情形之一，已经立案的，应当裁定驳回起诉： （一）不符合行政诉讼法第四十九条规定的； （二）超过法定起诉期限且无正当理由的； （三）错列被告且拒绝变更的； （四）未按照法律规定由法定代理人、指定代理人、代表人为诉讼行为的； （五）未按照法律、法规规定先向行政机关申请复议的； （六）重复起诉的； （七）撤回起诉后无正当理由再行起诉的； （八）行政行为对其合法权益明显不产生实际影响的； （九）诉讼标的已为生效裁判所羁束的； （十）不符合其他法定起诉条件的。	（四）属于人民法院受案范围和受诉人民法院管辖。		

人民检察院行政诉讼监督规则（试行）	最高人民法院关于适用《中华人民共和国行政诉讼法》若干问题的解释	中华人民共和国行政诉讼法	中华人民共和国行政复议法	中华人民共和国行政复议法实施条例
	人民法院经过阅卷、调查和询问当事人，认为不需要开庭审理的，可以迳行裁定驳回起诉。 **第一条第二款** 对当事人依法提起的诉讼，人民法院应当根据行政诉讼法第五十一条的规定，一律接收起诉状。能够判断符合起诉条件的，应当当场登记立案；当场不能判断是否符合起诉条件的，应当在接收起诉状后七日内决定是否立案；七日内仍不能作出判断的，应当先予立案。	**第五十条** 起诉应当向人民法院递交起诉状，并按照被告人数提出副本。 书写起诉状确有困难的，可以口头起诉，由人民法院记入笔录，出具注明日期的书面凭证，并告知对方当事人。 **第五十一条** 人民法院在接到起诉状时对符合本法规定的起诉条件的，应当登记立案。 对当场不能判定是否符合本法规定的起诉条件的，应当接收起诉状，出具注明收到日期的书面凭证，并在七日内决定是否立案。不符合起诉条件的，作出不予立案的裁定。裁定书应当载明不予立案的理由。原告对裁定不服的，可以提起上诉。		

人民检察院行政诉讼监督规则（试行）	最高人民法院关于适用《中华人民共和国行政诉讼法》若干问题的解释	中华人民共和国行政诉讼法	中华人民共和国行政复议法	中华人民共和国行政复议法实施条例
	第一条第三款 起诉状内容或者材料欠缺的，人民法院应当一次性全面告知当事人需要补正的内容、补充的材料及期限。在指定期限内补正并符合起诉条件的，应当登记立案。当事人拒绝补正或者经补正仍不符合起诉条件的，裁定不予立案，并载明不予立案的理由。	起诉状内容欠缺或者有其他错误的，应当给予指导和释明，并一次性告知当事人需要补正的内容。不得未经指导和释明即以起诉不符合条件为由不接收起诉状。 对于不接收起诉状、接收起诉状后不出具书面凭证，以及不一次性告知当事人需要补正的起诉状内容的，当事人可以向上级人民法院投诉，上级人民法院应当责令改正，并对直接负责的主管人员和其他直接责任人员依法给予处分。		
	第一条第四款 当事人对不予立案裁定不服的，可以提起上诉。	第五十二条 人民法院既不立案，又不作出不予立案裁定的，当事人可以向上一级人民法院起诉。上一级人民法院认为符合起诉条件的，应当立案、审理，也可以指定其他下级人民法院立案、审理。		

人民检察院行政诉讼监督规则（试行）	最高人民法院关于适用《中华人民共和国行政诉讼法》若干问题的解释	中华人民共和国行政诉讼法	中华人民共和国行政复议法	中华人民共和国行政复议法实施条例
				第五十九条 下级行政复议机关应当及时将重大行政复议决定报上级行政复议机关备案。
		第七章 审理和判决		
		第一节 一般规定		
		第五十四条 人民法院公开审理行政案件，但涉及国家秘密、个人隐私和法律另有规定的除外。 涉及商业秘密的案件，当事人申请不公开审理的，可以不公开审理。 第五十五条 当事人认为审判人员与本案有利害关系或者有其他关系可能影响公正审判，有权申请审判人员回避。 审判人员认为自己与本案有利害关系或者有其他关系，应当申请回避。 前两款规定，适用于书记员、翻译人员、鉴定人、勘验人。		

人民检察院行政诉讼监督规则（试行）	最高人民法院关于适用《中华人民共和国行政诉讼法》若干问题的解释	中华人民共和国行政诉讼法	中华人民共和国行政复议法	中华人民共和国行政复议法实施条例
		院长担任审判长时的回避，由审判委员会决定；审判人员的回避，由院长决定；其他人员的回避，由审判长决定。当事人对决定不服的，可以申请复议一次。 **第五十六条** 诉讼期间，不停止行政行为的执行。但有下列情形之一的，裁定停止执行： （一）被告认为需要停止执行的； （二）原告或者利害关系人申请停止执行，人民法院认为该行政行为的执行会造成难以弥补的损失，并且停止执行不损害国家利益、社会公共利益的； （三）人民法院认为该行政行为的执行会给国家利益、社会公共利益造成重大损害的； （四）法律、法规规定停止执行的。		

人民检察院行政诉讼监督规则（试行）	最高人民法院关于适用《中华人民共和国行政诉讼法》若干问题的解释	中华人民共和国行政诉讼法	中华人民共和国行政复议法	中华人民共和国行政复议法实施条例
		当事人对停止执行或者不停止执行的裁定不服的，可以申请复议一次。 **第五十七条** 人民法院对起诉行政机关没有依法支付抚恤金、最低生活保障金和工伤、医疗社会保险金的案件，权利义务关系明确、不先予执行将严重影响原告生活的，可以根据原告的申请，裁定先予执行。 当事人对先予执行裁定不服的，可以申请复议一次。复议期间不停止裁定的执行。 **第五十八条** 经人民法院传票传唤，原告无正当理由拒不到庭，或者未经法庭许可中途退庭的，可以按照撤诉处理；被告无正当理由拒不到庭，或者未经法庭许可中途退庭的，可以缺席判决。		

人民检察院行政诉讼监督规则（试行）	最高人民法院关于适用《中华人民共和国行政诉讼法》若干问题的解释	中华人民共和国行政诉讼法	中华人民共和国行政复议法	中华人民共和国行政复议法实施条例
		第五十九条 诉讼参与人或者其他人有下列行为之一的，人民法院可以根据情节轻重，予以训诫、责令具结悔过或者处一万元以下的罚款、十五日以下的拘留；构成犯罪的，依法追究刑事责任： （一）有义务协助调查、执行的人，对人民法院的协助调查决定、协助执行通知书，无故推拖、拒绝或者妨碍调查、执行的； （二）伪造、隐藏、毁灭证据或者提供虚假证明材料，妨碍人民法院审理案件的； （三）指使、贿买、胁迫他人作伪证或者威胁、阻止证人作证的； （四）隐藏、转移、变卖、毁损已被查封、扣押、冻结的财产的； （五）以欺骗、胁迫等非法手段使原告撤诉的；		

人民检察院行政诉讼监督规则（试行）	最高人民法院关于适用《中华人民共和国行政诉讼法》若干问题的解释	中华人民共和国行政诉讼法	中华人民共和国行政复议法	中华人民共和国行政复议法实施条例
		（六）以暴力、威胁或者其他方法阻碍人民法院工作人员执行职务，或者以哄闹、冲击法庭等方法扰乱人民法院工作秩序的； （七）对人民法院审判人员或者其他工作人员、诉讼参与人、协助调查和执行的人员恐吓、侮辱、诽谤、诬陷、殴打、围攻或者打击报复的。 人民法院对有前款规定的行为之一的单位，可以对其主要负责人或者直接责任人员依照前款规定予以罚款、拘留；构成犯罪的，依法追究刑事责任。 罚款、拘留须经人民法院院长批准。当事人不服的，可以向上一级人民法院申请复议一次。复议期间不停止执行。 第六十条　人民法院审理行政案件，不适用调		

人民检察院行政诉讼监督规则（试行）	最高人民法院关于适用《中华人民共和国行政诉讼法》若干问题的解释	中华人民共和国行政诉讼法	中华人民共和国行政复议法	中华人民共和国行政复议法实施条例
		解。但是，行政赔偿、补偿以及行政机关行使法律、法规规定的自由裁量权的案件可以调解。 调解应当遵循自愿、合法原则，不得损害国家利益、社会公共利益和他人合法权益。		
	第十七条 公民、法人或者其他组织请求一并审理行政诉讼法第六十一条规定的相关民事争议，应当在第一审开庭审理前提出；有正当理由的，也可以在法庭调查中提出。 有下列情形之一的，人民法院应当作出不予准许一并审理民事争议的决定，并告知当事人可以依法通过其他渠道主张权利： （一）法律规定应当由行政机关先行处理的； （二）违反民事诉讼法专属管辖规定或者协议管辖约定的；	**第六十一条** 在涉及行政许可、登记、征收、征用和行政机关对民事争议所作的裁决的行政诉讼中，当事人申请一并解决相关民事争议的，人民法院可以一并审理。		

人民检察院行政诉讼监督规则（试行）	最高人民法院关于适用《中华人民共和国行政诉讼法》若干问题的解释	中华人民共和国行政诉讼法	中华人民共和国行政复议法	中华人民共和国行政复议法实施条例
	（三）已经申请仲裁或者提起民事诉讼的； （四）其他不宜一并审理的民事争议。 对不予准许的决定可以申请复议一次。 第十八条 人民法院在行政诉讼中一并审理相关民事争议的，民事争议应当单独立案，由同一审判组织审理。 审理行政机关对民事争议所作裁决的案件，一并审理民事争议的，不另行立案。 第十九条 人民法院一并审理相关民事争议，适用民事法律规范的相关规定，法律另有规定的除外。 当事人在调解中对民事权益的处分，不能作为审查被诉行政行为合法性的根据。 行政争议和民事争议应当分别裁判。当事人仅	在行政诉讼中，人民法院认为行政案件的审理需以民事诉讼的裁判为依据的，可以裁定中止行政诉讼。		

人民检察院行政诉讼监督规则（试行）	最高人民法院关于适用《中华人民共和国行政诉讼法》若干问题的解释	中华人民共和国行政诉讼法	中华人民共和国行政复议法	中华人民共和国行政复议法实施条例
	对行政裁判或者民事裁判提出上诉的，未上诉的裁判在上诉期满后即发生法律效力。第一审人民法院应当将全部案卷一并移送第二审人民法院，由行政审判庭审理。第二审人民法院发现未上诉的生效裁判确有错误的，应当按照审判监督程序再审。	**第六十二条** 人民法院对行政案件宣告判决或者裁定前，原告申请撤诉的，或者被告改变其所作的行政行为，原告同意并申请撤诉的，是否准许，由人民法院裁定。 **第六十三条** 人民法院审理行政案件，以法律和行政法规、地方性法规为依据。地方性法规适用于本行政区域内发生的行政案件。		

人民检察院行政诉讼监督规则（试行）	最高人民法院关于适用《中华人民共和国行政诉讼法》若干问题的解释	中华人民共和国行政诉讼法	中华人民共和国行政复议法	中华人民共和国行政复议法实施条例
		人民法院审理民族自治地方的行政案件，并以该民族自治地方的自治条例和单行条例为依据。 人民法院审理行政案件，参照规章。 **第六十四条** 人民法院在审理行政案件中，经审查认为本法第五十三条规定的规范性文件不合法的，不作为认定行政行为合法的依据，并向制定机关提出处理建议。 **第六十五条** 人民法院应当公开发生法律效力的判决书、裁定书，供公众查阅，但涉及国家秘密、商业秘密和个人隐私的内容除外。 **第六十六条** 人民法院在审理行政案件中，认为行政机关的主管人员、直接责任人员违法违纪的，应当将有关材料移送监察机关、该行政机关或者其上一级行政机关；认为有犯罪行为的，应当将有关材料移送公安、检察机关。		

人民检察院行政诉讼监督规则（试行）	最高人民法院关于适用《中华人民共和国行政诉讼法》若干问题的解释	中华人民共和国行政诉讼法	中华人民共和国行政复议法	中华人民共和国行政复议法实施条例
		人民法院对被告经传票传唤无正当理由拒不到庭，或者未经法庭许可中途退庭的，可以将被告拒不到庭或者中途退庭的情况予以公告，并可以向监察机关或者被告的上一级行政机关提出依法给予其主要负责人或者直接责任人员处分的司法建议。		
		第二节　第一审普通程序		
		第六十七条　人民法院应当在立案之日起五日内，将起诉状副本发送被告。被告应当在收到起诉状副本之日起十五日内向人民法院提交作出行政行为的证据和所依据的规范性文件，并提出答辩状。人民法院应当在收到答辩状之日起五日内，将答辩状副本发送原告。 被告不提出答辩状的，不影响人民法院审理。		

64

人民检察院行政诉讼监督规则（试行）	最高人民法院关于适用《中华人民共和国行政诉讼法》若干问题的解释	中华人民共和国行政诉讼法	中华人民共和国行政复议法	中华人民共和国行政复议法实施条例
		第六十八条 人民法院审理行政案件，由审判员组成合议庭，或者由审判员、陪审员组成合议庭。合议庭的成员，应当是三人以上的单数。 第六十九条 行政行为证据确凿，适用法律、法规正确，符合法定程序的，或者原告申请被告履行法定职责或者给付义务理由不成立的，人民法院判决驳回原告的诉讼请求。 第七十条 行政行为有下列情形之一的，人民法院判决撤销或者部分撤销，并可以判决被告重新作出行政行为： （一）主要证据不足的； （二）适用法律、法规错误的； （三）违反法定程序的； （四）超越职权的； （五）滥用职权的；		

65

人民检察院行政诉讼监督规则（试行）	最高人民法院关于适用《中华人民共和国行政诉讼法》若干问题的解释	中华人民共和国行政诉讼法	中华人民共和国行政复议法	中华人民共和国行政复议法实施条例
	第二十二条 原告请求被告履行法定职责的理由成立，被告违法拒绝履行或者无正当理由逾期不予答复的，人民法院可以根据行政诉讼法第七十二条的规定，判决被告在一定期限内依法履行原告请求的法定职责；尚需被告调查或者裁量的，应当判决被告针对原告的请求重新作出处理。 第二十三条 原告申请被告依法履行支付抚恤金、最低生活保障待遇或者社会保险待遇等给付义务的理由成立，被告依法负有给付义务而拒绝或者	（六）明显不当的。 第七十一条 人民法院判决被告重新作出行政行为的，被告不得以同一的事实和理由作出与原行政行为基本相同的行政行为。 第七十二条 人民法院经过审理，查明被告不履行法定职责的，判决被告在一定期限内履行。 第七十三条 人民法院经过审理，查明被告依法负有给付义务的，判决被告履行给付义务。		

66

人民检察院行政诉讼监督规则（试行）	最高人民法院关于适用《中华人民共和国行政诉讼法》若干问题的解释	中华人民共和国行政诉讼法	中华人民共和国行政复议法	中华人民共和国行政复议法实施条例
	拖延履行义务且无正当理由的，人民法院可以根据行政诉讼法第七十三条的规定，判决被告在一定期限内履行相应的给付义务。	**第七十四条** 行政行为有下列情形之一的，人民法院判决确认违法，但不撤销行政行为： （一）行政行为依法应当撤销，但撤销会给国家利益、社会公共利益造成重大损害的； （二）行政行为程序轻微违法，但对原告权利不产生实际影响的。 行政行为有下列情形之一，不需要撤销或者判决履行的，人民法院判决确认违法： （一）行政行为违法，但不具有可撤销内容的；		

人民检察院行政诉讼监督规则（试行）	最高人民法院关于适用《中华人民共和国行政诉讼法》若干问题的解释	中华人民共和国行政诉讼法	中华人民共和国行政复议法	中华人民共和国行政复议法实施条例
		（二）被告改变原违法行政行为，原告仍要求确认原行政行为违法的； （三）被告不履行或者拖延履行法定职责，判决履行没有意义的。 　　第七十五条　行政行为有实施主体不具有行政主体资格或者没有依据等重大且明显违法情形，原告申请确认行政行为无效的，人民法院判决确认无效。 　　第七十六条　人民法院判决确认违法或者无效的，可以同时判决责令被告采取补救措施；给原告造成损失的，依法判决被告承担赔偿责任。 　　第七十七条　行政处罚明显不当，或者其他行政行为涉及对款额的确定、认定确有错误的，人民法院可以判决变更。		

人民检察院行政诉讼监督规则（试行）	最高人民法院关于适用《中华人民共和国行政诉讼法》若干问题的解释	中华人民共和国行政诉讼法	中华人民共和国行政复议法	中华人民共和国行政复议法实施条例
	第十二条 公民、法人或者其他组织对行政机关不依法履行、未按照约定履行协议提起诉讼的，参照民事法律规范关于诉讼时效的规定；对行政机关单方变更、解除协议等行为提起诉讼的，适用行政诉讼法及其司法解释关于起诉期限的规定。 第十四条 人民法院审查行政机关是否依法履行、按照约定履行协议或者单方变更、解除协议是否合法，在适用行政法律规范的同时，可以适用不违反行政法和行政诉讼法强制性规定的民事法律规范。	人民法院判决变更，不得加重原告的义务或者减损原告的权益。但利害关系人同为原告，且诉讼请求相反的除外。 第七十八条 被告不依法履行、未按照约定履行或者违法变更、解除本法第十二条第一款第十一项规定的协议的，人民法院判决被告承担继续履行、采取补救措施或者赔偿损失等责任。		

69

人民检察院行政诉讼监督规则（试行）	最高人民法院关于适用《中华人民共和国行政诉讼法》若干问题的解释	中华人民共和国行政诉讼法	中华人民共和国行政复议法	中华人民共和国行政复议法实施条例
	第十五条 原告主张被告不依法履行、未按照约定履行协议或者单方变更、解除协议违法，理由成立的，人民法院可以根据原告的诉讼请求判决确认协议有效、判决被告继续履行协议，并明确继续履行的具体内容；被告无法继续履行或者继续履行已无实际意义的，判决被告采取相应的补救措施；给原告造成损失的，判决被告予以赔偿。 原告请求解除协议或者确认协议无效，理由成立的，判决解除协议或者确认协议无效，并根据合同法等相关法律规定作出处理。 被告因公共利益需要或者其他法定理由单方变更、解除协议，给原告造成损失的，判决被告予以补偿。	被告变更、解除本法第十二条第一款第十一项规定的协议合法，但未依法给予补偿的，人民法院判决给予补偿。		

70

人民检察院行政诉讼监督规则（试行）	最高人民法院关于适用《中华人民共和国行政诉讼法》若干问题的解释	中华人民共和国行政诉讼法	中华人民共和国行政复议法	中华人民共和国行政复议法实施条例
	第十六条 对行政机关不依法履行、未按照约定履行协议提起诉讼的，诉讼费用准用民事案件交纳标准；对行政机关单方变更、解除协议等行为提起诉讼的，诉讼费用适用行政案件交纳标准。	**第八十条** 人民法院对公开审理和不公开审理的案件，一律公开宣告判决。 当庭宣判的，应当在十日内发送判决书；定期宣判的，宣判后立即发给判决书。 宣告判决时，必须告知当事人上诉权利、上诉期限和上诉的人民法院。 **第八十一条** 人民法院应当在立案之日起六个月内作出第一审判决。有特殊情况需要延长的，由高级人民法院批准，高级人民法院审理第一审案件需要延长的，由最高人民法院批准。		

人民检察院行政诉讼监督规则（试行）	最高人民法院关于适用《中华人民共和国行政诉讼法》若干问题的解释	中华人民共和国行政诉讼法	中华人民共和国行政复议法	中华人民共和国行政复议法实施条例
		第三节　简易程序		
		第八十二条　人民法院审理下列第一审行政案件，认为事实清楚、权利义务关系明确、争议不大的，可以适用简易程序： （一）被诉行政行为是依法当场作出的； （二）案件涉及款额二千元以下的； （三）属于政府信息公开案件的。 除前款规定以外的第一审行政案件，当事人各方同意适用简易程序的，可以适用简易程序。 发回重审、按照审判监督程序再审的案件不适用简易程序。 第八十三条　适用简易程序审理的行政案件，由审判员一人独任审理，并应当在立案之日起四十五日内审结。		

人民检察院行政诉讼监督规则（试行）	最高人民法院关于适用《中华人民共和国行政诉讼法》若干问题的解释	中华人民共和国行政诉讼法	中华人民共和国行政复议法	中华人民共和国行政复议法实施条例
		第八十四条 人民法院在审理过程中，发现案件不宜适用简易程序的，裁定转为普通程序。		
		第四节 第二审程序		
		第八十五条 当事人不服人民法院第一审判决的，有权在判决书送达之日起十五日内向上一级人民法院提起上诉。当事人不服人民法院第一审裁定的，有权在裁定书送达之日起十日内向上一级人民法院提起上诉。逾期不提起上诉的，人民法院的第一审判决或者裁定发生法律效力。 第八十六条 人民法院对上诉案件，应当组成合议庭，开庭审理。经过阅卷、调查和询问当事人，对没有提出新的事实、证据或者理由，合议庭认为不需要开庭审理的，也可以不开庭审理。		

人民检察院行政诉讼监督规则（试行）	最高人民法院关于适用《中华人民共和国行政诉讼法》若干问题的解释	中华人民共和国行政诉讼法	中华人民共和国行政复议法	中华人民共和国行政复议法实施条例
		第八十七条　人民法院审理上诉案件，应当对原审人民法院的判决、裁定和被诉行政行为进行全面审查。 第八十八条　人民法院审理上诉案件，应当在收到上诉状之日起三个月内作出终审判决。有特殊情况需要延长的，由高级人民法院批准，高级人民法院审理上诉案件需要延长的，由最高人民法院批准。 第八十九条　人民法院审理上诉案件，按照下列情形，分别处理： （一）原判决、裁定认定事实清楚，适用法律、法规正确的，判决或者裁定驳回上诉，维持原判决、裁定； （二）原判决、裁定认定事实错误或者适用法律、法规错误的，依法改判、撤销或者变更；		

人民检察院行政诉讼监督规则（试行）	最高人民法院关于适用《中华人民共和国行政诉讼法》若干问题的解释	中华人民共和国行政诉讼法	中华人民共和国行政复议法	中华人民共和国行政复议法实施条例
		（三）原判决认定基本事实不清、证据不足的，发回原审人民法院重审，或者查清事实后改判； （四）原判决遗漏当事人或者违法缺席判决等严重违反法定程序的，裁定撤销原判决，发回原审人民法院重审。 原审人民法院对发回重审的案件作出判决后，当事人提起上诉的，第二审人民法院不得再次发回重审。 人民法院审理上诉案件，需要改变原审判决的，应当同时对被诉行政行为作出判决。		
		第五节 审判监督程序		
		第九十条 当事人对已经发生法律效力的判决、裁定，认为确有错误的，可以向上一级人民法院申请再审，但判决、裁定不停止执行。		

人民检察院行政诉讼监督规则（试行）	最高人民法院关于适用《中华人民共和国行政诉讼法》若干问题的解释	中华人民共和国行政诉讼法	中华人民共和国行政复议法	中华人民共和国行政复议法实施条例
	第二十四条 当事人向上一级人民法院申请再审，应当在判决、裁定或者调解书发生法律效力后六个月内提出。有下列情形之一的，自知道或者应当知道之日起六个月内提出： （一）有新的证据，足以推翻原判决、裁定的； （二）原判决、裁定认定事实的主要证据是伪造的； （三）据以作出原判决、裁定的法律文书被撤销或者变更的； （四）审判人员审理该案件时有贪污受贿、徇私舞弊、枉法裁判行为的。	第九十一条 当事人的申请符合下列情形之一的，人民法院应当再审： （一）不予立案或者驳回起诉确有错误的； （二）有新的证据，足以推翻原判决、裁定的； （三）原判决、裁定认定事实的主要证据不足、未经质证或者系伪造的； （四）原判决、裁定适用法律、法规确有错误的； （五）违反法律规定的诉讼程序，可能影响公正审判的； （六）原判决、裁定遗漏诉讼请求的； （七）据以作出原判决、裁定的法律文书被撤销或者变更的； （八）审判人员在审理该案件时有贪污受贿、徇私舞弊、枉法裁判行为的。		

人民检察院行政诉讼监督规则（试行）	最高人民法院关于适用《中华人民共和国行政诉讼法》若干问题的解释	中华人民共和国行政诉讼法	中华人民共和国行政复议法	中华人民共和国行政复议法实施条例
		第九十二条 各级人民法院院长对本院已经发生法律效力的判决、裁定，发现有本法第九十一条规定情形之一，或者发现调解违反自愿原则或者调解书内容违法，认为需要再审的，应当提交审判委员会讨论决定。 最高人民法院对地方各级人民法院已经发生法律效力的判决、裁定，上级人民法院对下级人民法院已经发生法律效力的判决、裁定，发现有本法第九十一条规定情形之一，或者发现调解违反自愿原则或者调解书内容违法的，有权提审或者指令下级人民法院再审。		
第二章 受理				
第五条 有下列情形之一的，当事人可以向人民检察院申请监督：	第二十五条第一款 有下列情形之一的，当事人可以向人民检察院申请抗诉或者检察建议：	第九十三条 最高人民检察院对各级人民法院已经发生法律效力的判决、		

人民检察院行政诉讼监督规则（试行）	最高人民法院关于适用《中华人民共和国行政诉讼法》若干问题的解释	中华人民共和国行政诉讼法	中华人民共和国行政复议法	中华人民共和国行政复议法实施条例
（一）人民法院对生效判决、裁定、调解书驳回再审申请或者逾期未对再审申请作出裁定的； （二）认为再审判决、裁定确有错误的； （三）认为审判程序中审判人员存在违法行为的； （四）认为人民法院执行活动存在违法情形的。	（一）人民法院驳回再审申请的； （二）人民法院逾期未对再审申请作出裁定的； （三）再审判决、裁定有明显错误的。	裁定，上级人民检察院对下级人民法院已经发生法律效力的判决、裁定，发现有本法第九十一条规定情形之一，或者发现调解书损害国家利益、社会公共利益的，应当提出抗诉。 地方各级人民检察院对同级人民法院已经发生法律效力的判决、裁定，发现有本法第九十一条规定情形之一，或者发现调解书损害国家利益、社会公共利益的，可以向同级人民法院提出检察建议，并报上级人民检察院备案；也可以提请上级人民检察院向同级人民法院提出抗诉。 各级人民检察院对审判监督程序以外的其他审判程序中审判人员的违法行为，有权向同级人民法院提出检察建议。		

人民检察院行政诉讼监督规则（试行）	最高人民法院关于适用《中华人民共和国行政诉讼法》若干问题的解释	中华人民共和国行政诉讼法	中华人民共和国行政复议法	中华人民共和国行政复议法实施条例
第六条 当事人依照本规则第五条第一项、第二项规定向人民检察院申请监督，应当在人民法院作出驳回再审申请裁定之日或者再审判决、裁定发生法律效力之日起六个月内提出；对人民法院逾期未对再审申请作出裁定的，应当在再审申请审查期限届满之日起六个月内提出。 当事人以下列理由申请监督，应当在知道或者应当知道之日起六个月内提出： （一）有新的证据，足以推翻再审判决、裁定的； （二）再审判决、裁定认定事实的主要证据系伪造的； （三）据以作出再审判决、裁定的法律文书被撤销或者变更的；				

人民检察院行政诉讼监督规则（试行）	最高人民法院关于适用《中华人民共和国行政诉讼法》若干问题的解释	中华人民共和国行政诉讼法	中华人民共和国行政复议法	中华人民共和国行政复议法实施条例
（四）审判人员在审理该案件时有贪污受贿、徇私舞弊、枉法裁判行为的。 当事人依照本规则第五条第三项、第四项向人民检察院申请监督，应当在知道或者应当知道审判人员违法行为或者执行活动违法情形发生之日起六个月内提出。 本条规定的期间为不变期间，不适用中止、中断、延长的规定。 **第八条** 当事人对已经发生法律效力的行政判决、裁定、调解书向人民检察院申请监督的，由作出生效判决、裁定、调解书的人民法院所在地同级人民检察院控告检察部门受理。 当事人认为审判程序中审判人员存在违法行为或者执行活动存在违法情形，向人民检察院申请监督的，由审理、执行案件的人民法院所在地同级人民检察院控告检察部门受理。				

人民检察院行政诉讼监督规则（试行）	最高人民法院关于适用《中华人民共和国行政诉讼法》若干问题的解释	中华人民共和国行政诉讼法	中华人民共和国行政复议法	中华人民共和国行政复议法实施条例
同级人民检察院不依法受理的，当事人可以向上一级人民检察院申请监督。 第九条 有下列情形之一的行政诉讼案件，人民检察院应当依职权进行监督： （一）损害国家利益或者社会公共利益的； （二）审判、执行人员有贪污受贿、徇私舞弊、枉法裁判等违法行为的； （三）其他确有必要进行监督的。				
第三章 审查				
第十条 人民检察院行政检察部门负责对受理后的行政诉讼监督案件进行审查。 第十一条 人民检察院对审查终结的案件，应当区分情况作出下列决定： （一）再审检察建议； （二）提请抗诉；				

81

人民检察院行政诉讼监督规则（试行）	最高人民法院关于适用《中华人民共和国行政诉讼法》若干问题的解释	中华人民共和国行政诉讼法	中华人民共和国行政复议法	中华人民共和国行政复议法实施条例
（三）抗诉； （四）检察建议； （五）不支持监督申请； （六）终结审查。 **第十二条** 人民检察院受理当事人申请监督的案件，应当在三个月内审查终结并作出决定，但调卷、鉴定、评估、审计期间不计入审查期限。有特殊情况需要延长的，由本院检察长批准。 **第十三条** 人民检察院因履行法律监督职责提出检察建议或者抗诉的需要，有下列情形之一的，可以向当事人或者案外人调查核实有关情况： （一）判决、裁定、调解书可能存在法律规定需要监督的情形，仅通过阅卷及审查现有材料难以认定的； （二）审判人员可能存在违法行为的；				

人民检察院行政诉讼监督规则（试行）	最高人民法院关于适用《中华人民共和国行政诉讼法》若干问题的解释	中华人民共和国行政诉讼法	中华人民共和国行政复议法	中华人民共和国行政复议法实施条例
（三）人民法院执行活动可能存在违法情形的； （四）其他需要调查核实的情形。 　　人民检察院不得为证明行政行为的合法性调取行政机关作出行政行为时未收集的证据。 　　人民检察院通过阅卷以及调查核实难以认定有关事实的，可以向相关审判、执行人员了解有关情况，听取意见。				
第四章　对生效判决、裁定、调解书的监督				
第一节　一般规定				
第十四条　申请监督人提供的新的证据，能够证明原判决、裁定认定基本事实或者裁判结果错误的，应当认定为《中华人民共和国行政诉讼法》第九十一条第二项规定的情形，但原审被告无正当理由逾期提供证据的除外。				

人民检察院行政诉讼监督规则（试行）	最高人民法院关于适用《中华人民共和国行政诉讼法》若干问题的解释	中华人民共和国行政诉讼法	中华人民共和国行政复议法	中华人民共和国行政复议法实施条例
第十五条 有下列情形之一的，应当认定为《中华人民共和国行政诉讼法》第九十一条第三项规定的"认定事实的主要证据不足"： （一）认定的事实没有证据支持，或者认定的事实所依据的证据虚假、缺乏证明力的； （二）认定的事实所依据的证据不合法的； （三）认定事实的主要证据不足的其他情形。 第十六条 有下列情形之一的，应当认定为《中华人民共和国行政诉讼法》第九十一条第四项规定的"适用法律、法规确有错误"： （一）适用法律、法规与案件性质明显不符的； （二）适用的法律、法规已经失效或者尚未施行的； （三）违反法律适用规则的；				

人民检察院行政诉讼监督规则（试行）	最高人民法院关于适用《中华人民共和国行政诉讼法》若干问题的解释	中华人民共和国行政诉讼法	中华人民共和国行政复议法	中华人民共和国行政复议法实施条例
（四）违反法律溯及力规定的； （五）适用法律、法规明显违背立法本意的； （六）应当适用的法律、法规未适用的； （七）适用法律、法规错误的其他情形。 第十七条 有下列情形之一的，应当认定为《中华人民共和国行政诉讼法》第九十一条第五项规定的"违反法律规定的诉讼程序，可能影响公正审判的"： （一）审判组织的组成不合法的； （二）依法应当回避的审判人员没有回避的； （三）未经合法传唤缺席判决的； （四）无诉讼行为能力人未经法定代理人代为诉讼的； （五）遗漏应当参加诉讼的当事人的；				

人民检察院行政诉讼监督规则（试行）	最高人民法院关于适用《中华人民共和国行政诉讼法》若干问题的解释	中华人民共和国行政诉讼法	中华人民共和国行政复议法	中华人民共和国行政复议法实施条例
（六）违反法律规定，剥夺当事人辩论权、上诉权等重大诉讼权利的； （七）其他严重违反法定程序的情形。				
第二节　再审检察建议和提请抗诉、抗诉				
第十八条　地方各级人民检察院发现同级人民法院已经发生法律效力的判决、裁定有下列情形之一的，可以向同级人民法院提出再审检察建议： （一）不予立案或者驳回起诉确有错误的； （二）有新的证据，足以推翻原判决、裁定的； （三）原判决、裁定认定事实的主要证据不足、未经质证或者系伪造的； （四）违反法律规定的诉讼程序，可能影响公正审判的； （五）原判决、裁定遗漏诉讼请求的；				

86

人民检察院行政诉讼监督规则（试行）	最高人民法院关于适用《中华人民共和国行政诉讼法》若干问题的解释	中华人民共和国行政诉讼法	中华人民共和国行政复议法	中华人民共和国行政复议法实施条例
（六）据以作出原判决、裁定的法律文书被撤销或者变更的。 **第十九条** 符合本规则第十八条规定的案件有下列情形之一的，地方各级人民检察院应当提请上一级人民检察院抗诉： （一）判决、裁定是经同级人民法院再审后作出的； （二）判决、裁定是经同级人民法院审判委员会讨论作出的； （三）其他不适宜由同级人民法院再审纠正的。 **第二十条** 地方各级人民检察院发现同级人民法院已经发生法律效力的判决、裁定具有下列情形之一的，应当提请上一级人民检察院抗诉： （一）原判决、裁定适用法律、法规确有错误的； （二）审判人员在审理该案件时有贪污受贿、徇私舞弊、枉法裁判行为的。				

人民检察院行政诉讼监督规则（试行）	最高人民法院关于适用《中华人民共和国行政诉讼法》若干问题的解释	中华人民共和国行政诉讼法	中华人民共和国行政复议法	中华人民共和国行政复议法实施条例
第二十一条 地方各级人民检察院发现同级人民法院已经发生法律效力的调解书损害国家利益、社会公共利益的，可以向同级人民法院提出再审检察建议，也可以提请上一级人民检察院抗诉。 第二十二条 最高人民检察院对各级人民法院已经发生法律效力的判决、裁定、调解书，上级人民检察院对下级人民法院已经发生法律效力的判决、裁定、调解书，发现有《中华人民共和国行政诉讼法》第九十一条、第九十三条规定情形的，应当向同级人民法院提出抗诉。 第二十三条 人民检察院提出再审检察建议，应当制作《再审检察建议书》，在决定之日起十五日内将《再审检察建				

人民检察院行政诉讼监督规则（试行）	最高人民法院关于适用《中华人民共和国行政诉讼法》若干问题的解释	中华人民共和国行政诉讼法	中华人民共和国行政复议法	中华人民共和国行政复议法实施条例
议书》连同案件卷宗移送同级人民法院，并制作决定提出再审检察建议的《通知书》，发送当事人。 人民检察院提出再审检察建议，应当经检察委员会决定，并将《再审检察建议书》报上一级人民检察院备案。 人民检察院依照前款规定提出再审检察建议的，人民法院根据《最高人民法院、最高人民检察院关于对民事审判活动与行政诉讼实行法律监督的若干意见(试行)》等规定审查回复。 **第二十四条** 人民检察院提请抗诉，应当制作《提请抗诉报告书》，在决定之日起十五日内将《提请抗诉报告书》连同案件卷宗等材料报送上一级人民检察院，并制作决定提请抗诉的《通知书》，发送当事人。				

人民检察院行政诉讼监督规则（试行）	最高人民法院关于适用《中华人民共和国行政诉讼法》若干问题的解释	中华人民共和国行政诉讼法	中华人民共和国行政复议法	中华人民共和国行政复议法实施条例
第二十五条　人民检察院提出抗诉，应当制作《抗诉书》，在决定之日起十五日内将《抗诉书》连同案件卷宗移送同级人民法院，并制作决定抗诉的《通知书》，发送当事人。 第二十六条　人民检察院提出抗诉的案件，人民法院再审时，人民检察院应当派员出席法庭。 第二十七条　人民检察院认为当事人的监督申请不符合监督条件，应当制作《不支持监督申请决定书》，在决定之日起十五日内发送当事人。 下级人民检察院提请抗诉的案件，上级人民检察院可以委托提请抗诉的人民检察院将《不支持监督申请决定书》发送当事人。 第七条　当事人向人民检察院申请监督，有下列情形之一的，人民检察院不予受理：	第二十五条第二款　人民法院基于抗诉或者检察建议作出再审判决、裁定后，当事人申请再审的，人民法院不予立案。			

人民检察院行政诉讼监督规则（试行）	最高人民法院关于适用《中华人民共和国行政诉讼法》若干问题的解释	中华人民共和国行政诉讼法	中华人民共和国行政复议法	中华人民共和国行政复议法实施条例
（一）当事人对生效判决、裁定、调解书未向人民法院申请再审或者申请再审超过法律规定的期限的； （二）人民法院正在对再审申请进行审查的，但无正当理由超过三个月未对再审申请作出裁定的除外； （三）人民法院已经裁定再审且尚未审结的； （四）人民检察院已经审查终结作出决定的； （五）判决、裁定、调解书是人民法院根据人民检察院的抗诉或者再审检察建议再审后作出的； （六）申请监督超过本规则第六条规定的期限的； （七）当事人提出有关执行的异议、申请复议、申诉或者提起诉讼后，人民法院已经受理并正在审查处理的，但超过法定期间未作出处理的除外；				

人民检察院行政诉讼监督规则（试行）	最高人民法院关于适用《中华人民共和国行政诉讼法》若干问题的解释	中华人民共和国行政诉讼法	中华人民共和国行政复议法	中华人民共和国行政复议法实施条例
（八）其他不应当受理的情形。				
		第八章 执行		
		第九十四条 当事人必须履行人民法院发生法律效力的判决、裁定、调解书。 第九十五条 公民、法人或者其他组织拒绝履行判决、裁定、调解书的，行政机关或者第三人可以向第一审人民法院申请强制执行，或者由行政机关依法强制执行。 第九十七条 公民、法人或者其他组织对行政行为在法定期间不提起诉讼又不履行的，行政机关可以申请人民法院强制执行，或者依法强制执行。	第三十二条 被申请人应当履行行政复议决定。 被申请人不履行或者无正当理由拖延履行行政复议决定的，行政复议机关或者有关上级行政机关应当责令其限期履行。 第三十三条 申请人逾期不起诉又不履行行政复议决定的，或者不履行最终裁决的行政复议决定的，按照下列规定分别处理： （一）维持具体行政行为的行政复议决定，由作出具体行政行为的行政机关依法强制执行，或者申请人民法院强制执行； （二）变更具体行政行为的行政复议决定，由行政复议机关依法强制执行，或者申请人民法院强制执行。	第五十二条 第三人逾期不起诉又不履行行政复议决定的，依照行政复议法第三十三条的规定处理。

人民检察院行政诉讼监督规则（试行）	最高人民法院关于适用《中华人民共和国行政诉讼法》若干问题的解释	中华人民共和国行政诉讼法	中华人民共和国行政复议法	中华人民共和国行政复议法实施条例
		第九十六条　行政机关拒绝履行判决、裁定、调解书的，第一审人民法院可以采取下列措施： （一）对应当归还的罚款或者应当给付的款额，通知银行从该行政机关的账户内划拨； （二）在规定期限内不履行的，从期满之日起，对该行政机关负责人按日处五十元至一百元的罚款； （三）将行政机关拒绝履行的情况予以公告； （四）向监察机关或者该行政机关的上一级行政机关提出司法建议。接受司法建议的机关，根据有关规定进行处理，并将处理情况告知人民法院； （五）拒不履行判决、裁定、调解书，社会影响恶劣的，可以对该行政机关直接负责的主管人员和其他直接责任人员予以拘留；情节严重，构成犯罪的，依法追究刑事责任。		

人民检察院行政诉讼监督规则（试行）	最高人民法院关于适用《中华人民共和国行政诉讼法》若干问题的解释	中华人民共和国行政诉讼法	中华人民共和国行政复议法	中华人民共和国行政复议法实施条例
第五章 对审判程序中审判人员违法行为的监督与对执行活动的监督				
第二十八条 人民检察院发现人民法院审判活动有下列情形之一的，应当向同级人民法院提出检察建议： （一）判决、裁定确有错误，但不适用再审程序纠正的； （二）调解违反自愿原则或者调解协议内容违反法律的； （三）当事人依照《中华人民共和国行政诉讼法》第五十二条规定向上一级人民法院起诉，上一级人民法院未按该规定处理的； （四）审理案件适用审判程序错误的； （五）保全、先予执行、停止执行或者不停止执行行政行为违反法律规定的； （六）诉讼中止或者诉讼终结违反法律规定的；				

人民检察院行政诉讼监督规则（试行）	最高人民法院关于适用《中华人民共和国行政诉讼法》若干问题的解释	中华人民共和国行政诉讼法	中华人民共和国行政复议法	中华人民共和国行政复议法实施条例
（七）违反法定审理期限的； （八）对当事人采取罚款、拘留等妨害行政诉讼的强制措施违反法律规定的； （九）违反法律规定送达的； （十）审判人员接受当事人及其委托代理人请客送礼或者违反规定会见当事人及其委托代理人的； （十一）审判人员实施或者指使、支持、授意他人实施妨害行政诉讼行为，尚未构成犯罪的； （十二）其他违反法律规定的情形。 **第二十九条** 人民检察院发现人民法院执行裁定、决定等有下列情形之一的，应当向同级人民法院提出检察建议： （一）提级管辖、指定管辖或者对管辖异议的裁定违反法律规定的；				

人民检察院行政诉讼监督规则（试行）	最高人民法院关于适用《中华人民共和国行政诉讼法》若干问题的解释	中华人民共和国行政诉讼法	中华人民共和国行政复议法	中华人民共和国行政复议法实施条例
（二）裁定受理、不予受理、中止执行、终结执行、恢复执行、执行回转等违反法律规定的； （三）变更、追加执行主体错误的； （四）裁定采取财产调查、控制、处置等措施违反法律规定的； （五）审查执行异议、复议以及案外人异议作出的裁定违反法律规定的； （六）决定罚款、拘留、暂缓执行等事项违反法律规定的； （七）执行裁定、决定等违反法定程序的； （八）对行政机关申请强制执行的行政行为作出准予执行或者不准予执行的裁定违反法律规定的； （九）执行裁定、决定等有其他违法情形的。				

人民检察院行政诉讼监督规则（试行）	最高人民法院关于适用《中华人民共和国行政诉讼法》若干问题的解释	中华人民共和国行政诉讼法	中华人民共和国行政复议法	中华人民共和国行政复议法实施条例
第三十条 人民检察院发现人民法院在执行活动中违反规定采取调查、查封、扣押、冻结、评估、拍卖、变卖、保管、发还财产等执行实施措施的，应当向同级人民法院提出检察建议。 第三十一条 人民检察院发现人民法院有下列不履行或者怠于履行执行职责情形之一的，应当向同级人民法院提出检察建议： （一）对依法应当受理的执行申请不予受理又不依法作出不予受理裁定的； （二）对已经受理的执行案件不依法作出执行裁定、无正当理由未在法定期限内采取执行措施或者执行结案的； （三）违法不受理执行异议、复议或者受理后逾期未作出裁定、决定的； （四）暂缓执行、停止执行、中止执行的原因消失后，不按规定恢复执行的；				

人民检察院行政诉讼监督规则（试行）	最高人民法院关于适用《中华人民共和国行政诉讼法》若干问题的解释	中华人民共和国行政诉讼法	中华人民共和国行政复议法	中华人民共和国行政复议法实施条例
（五）依法应当变更或者解除执行措施而不变更、解除的； （六）有其他不履行或者怠于履行执行职责行为的。 　　第三十二条　人民检察院根据本规则第二十八条、第二十九条、第三十条、第三十一条提出检察建议，应当制作《检察建议书》，在决定之日起十五日内将《检察建议书》连同案件卷宗移送同级人民法院。当事人申请监督的案件，人民检察院应当制作决定提出检察建议的《通知书》，发送申请人。人民检察院对行政执行活动提出检察建议，应当经检察委员会决定。 　　人民检察院依照前款规定提出检察建议的，人民法院根据《最高人民法院、最高人民检察院关于对民事审判活动与行政诉讼实行法律监督的若干意见(试行)》等规定审查回复。				

人民检察院行政诉讼监督规则（试行）	最高人民法院关于适用《中华人民共和国行政诉讼法》若干问题的解释	中华人民共和国行政诉讼法	中华人民共和国行政复议法	中华人民共和国行政复议法实施条例
第六章 其他规定				
第三十三条 人民法院对人民检察院监督行为提出书面建议的，人民检察院应当在一个月内将处理结果书面回复人民法院。人民法院对回复意见有异议，并通过上一级人民法院向上一级人民检察院提出，上一级人民检察院认为建议正确的，应当要求下级人民检察院及时纠正。 第三十四条 人民检察院办理行政诉讼监督案件，发现行政机关有违反法律规定、可能影响人民法院公正审理的行为，可以向行政机关提出检察建议，并将相关情况告知人民法院。 第三十五条 人民检察院行政检察部门在履行职责过程中，发现违法违纪或者涉嫌犯罪线索，应当及时将相关材料移送有关职能部门。				

人民检察院行政诉讼监督规则（试行）	最高人民法院关于适用《中华人民共和国行政诉讼法》若干问题的解释	中华人民共和国行政诉讼法	中华人民共和国行政复议法	中华人民共和国行政复议法实施条例
人民检察院相关职能部门在办案工作中发现人民法院行政审判人员、执行人员有贪污受贿、徇私舞弊、枉法裁判等违法行为，可能导致原判决、裁定错误的，应当及时将相关材料移送行政检察部门。				
		第九章　涉外行政诉讼		
		第九十八条　外国人、无国籍人、外国组织在中华人民共和国进行行政诉讼，适用本法。法律另有规定的除外。 **第九十九条**　外国人、无国籍人、外国组织在中华人民共和国进行行政诉讼，同中华人民共和国公民、组织有同等的诉讼权利和义务。 　　外国法院对中华人民共和国公民、组织的行政诉讼权利加以限制的，人民法院对该国公民、组织的行政诉讼权利，实行对等原则。		

人民检察院行政诉讼监督规则（试行）	最高人民法院关于适用《中华人民共和国行政诉讼法》若干问题的解释	中华人民共和国行政诉讼法	中华人民共和国行政复议法	中华人民共和国行政复议法实施条例
		第一百条 外国人、无国籍人、外国组织在中华人民共和国进行行政诉讼，委托律师代理诉讼的，应当委托中华人民共和国律师机构的律师。		
				第五章 行政复议指导和监督
				第五十三条 行政复议机关应当加强对行政复议工作的领导。 行政复议机构在本级行政复议机关的领导下，按照职责权限对行政复议工作进行督促、指导。 第五十四条 县级以上各级人民政府应当加强对所属工作部门和下级人民政府履行行政复议职责的监督。 行政复议机关应当加强对其行政复议机构履行行政复议职责的监督。 第五十五条 县级以上地方各级人民政府应当建立健全行政复议工作责

人民检察院行政诉讼监督规则（试行）	最高人民法院关于适用《中华人民共和国行政诉讼法》若干问题的解释	中华人民共和国行政诉讼法	中华人民共和国行政复议法	中华人民共和国行政复议法实施条例
				任制，将行政复议工作纳入本级政府目标责任制。 **第五十六条** 县级以上地方各级人民政府应当按照职责权限，通过定期组织检查、抽查等方式，对所属工作部门和下级人民政府行政复议工作进行检查，并及时向有关方面反馈检查结果。 **第五十八条** 县级以上各级人民政府行政复议机构应当定期向本级人民政府提交行政复议工作状况分析报告。 **第五十七条第一款** 行政复议期间行政复议机关发现被申请人或者其他下级行政机关的相关行政行为违法或者需要做好善后工作的，可以制作行政复议意见书。有关机关应当自收到行政复议意见书之日起60日内将纠正相关行政违法行为或者做好善后工作的情况通报行政复议机构。

人民检察院行政诉讼监督规则（试行）	最高人民法院关于适用《中华人民共和国行政诉讼法》若干问题的解释	中华人民共和国行政诉讼法	中华人民共和国行政复议法	中华人民共和国行政复议法实施条例
				第六十条 各级行政复议机构应当定期组织对行政复议人员进行业务培训，提高行政复议人员的专业素质。 **第六十一条** 各级行政复议机关应当定期总结行政复议工作，对在行政复议工作中做出显著成绩的单位和个人，依照有关规定给予表彰和奖励。
			第六章 法律责任	**第六章 法律责任**
			第三十四条 行政复议机关违反本法规定，无正当理由不予受理依法提出的行政复议申请或者不按照规定转送行政复议申请的，或者在法定期限内不作出行政复议决定的，对直接负责的主管人员和其他直接责任人员依法给予警告、记过、记大过的行政处分；经责令受理仍不受理或者不按照规定转送行政复议申请，造成严重后果的，依法给予降级、撤职、开除的行政处分。	**第六十四条** 行政复议机关或者行政复议机构不履行行政复议法和本条例规定的行政复议职责，经有权监督的行政机关督促仍不改正的，对直接负责的主管人员和其他直接责任人员依法给予警告、记过、记大过的处分；造成严重后果的，依法给予降级、撤职、开除的处分。

103

人民检察院行政诉讼监督规则（试行）	最高人民法院关于适用《中华人民共和国行政诉讼法》若干问题的解释	中华人民共和国行政诉讼法	中华人民共和国行政复议法	中华人民共和国行政复议法实施条例
			第三十五条 行政复议机关工作人员在行政复议活动中，徇私舞弊或者有其他渎职、失职行为的，依法给予警告、记过、记大过的行政处分；情节严重的，依法给予降级、撤职、开除的行政处分；构成犯罪的，依法追究刑事责任。 **第三十六条** 被申请人违反本法规定，不提出书面答复或者不提交作出具体行政行为的证据、依据和其他有关材料，或者阻挠、变相阻挠公民、法人或者其他组织依法申请行政复议的，对直接负责的主管人员和其他直接责任人员依法给予警告、记过、记大过的行政处分；进行报复陷害的，依法给予降级、撤职、开除的行政处分；构成犯罪的，依法追究刑事责任。	**第六十五条** 行政机关及其工作人员违反行政复议法和本条例规定的，行政复议机构可以向人事、监察部门提出对有关责任人员的处分建议，也可以将有关人员违法的事实材料直接转送人事、监察部门处理；接受转送的人事、监察部门应当依法处理，并将处理结果通报转送的行政复议机构。

人民检察院行政诉讼监督规则（试行）	最高人民法院关于适用《中华人民共和国行政诉讼法》若干问题的解释	中华人民共和国行政诉讼法	中华人民共和国行政复议法	中华人民共和国行政复议法实施条例
			第三十八条 行政复议机关负责法制工作的机构发现有无正当理由不予受理行政复议申请、不按照规定期限作出行政复议决定、徇私舞弊、对申请人打击报复或者不履行行政复议决定等情形的，应当向有关行政机关提出建议，有关行政机关应当依照本法和有关法律、行政法规的规定作出处理。 第三十七条 被申请人不履行或者无正当理由拖延履行行政复议决定的，对直接负责的主管人员和其他直接责任人员依法给予警告、记过、记大过的行政处分；经责令履行仍拒不履行的，依法给予降级、撤职、开除的行政处分。	第六十二条 被申请人在规定期限内未按照行政复议决定的要求重新作出具体行政行为，或者违反规定重新作出具体行政行为的，依照行政复议法第三十七条的规定追究法律责任。

人民检察院行政诉讼监督规则（试行）	最高人民法院关于适用《中华人民共和国行政诉讼法》若干问题的解释	中华人民共和国行政诉讼法	中华人民共和国行政复议法	中华人民共和国行政复议法实施条例
第七章 附则		第十章 附则	第七章 附则	第七章 附则
第三十六条　人民检察院办理行政诉讼监督案件，本规则没有规定的，适用《人民检察院民事诉讼监督规则（试行）》的相关规定。 第三十七条　本规则自发布之日起施行。本院之前公布的其他有关行政诉讼监督的规定与本规则内容不一致的，以本规则为准。	第二十六条　2015年5月1日前起诉期限尚未届满的，适用修改后的行政诉讼法关于起诉期限的规定。 2015年5月1日前尚未审结案件的审理期限，适用修改前的行政诉讼法关于审理期限的规定。依照修改前的行政诉讼法已经完成的程序事项，仍然有效。 对2015年5月1日前发生法律效力的判决、裁定或者行政赔偿调解书不服申请再审，或者人民法院依照审判监督程序再审的，程序性规定适用修改后的。	第一百零一条　人民法院审理行政案件，关于期间、送达、财产保全、开庭审理、调解、中止诉讼、终结诉讼、简易程序、执行等，以及人民检察院对行政案件受理、审理、裁判、执行的监督，本法没有规定的，适用《中华人民共和国民事诉讼法》的相关规定。 第一百零二条　人民法院审理行政案件，应当收取诉讼费用。诉讼费用由败诉方承担，双方都有责任的由双方分担。收取诉讼费用的具体办法另行规定。 第一百零三条　本法自一九九〇年十月一日起施行。	第三十九条　行政复议机关受理行政复议申请，不得向申请人收取任何费用。 行政复议活动所需经费，应当列入本机关的行政经费，由本级财政予以保障。 第四十条　行政复议期间的计算和行政复议文书的送达，依照民事诉讼法关于期间、送达的规定执行。 本法关于行政复议期间有关"五日"、"七日"的规定是指工作日，不含节假日。 第四十一条　外国人、无国籍人、外国组织在中华人民共和国境内申请行政复议，适用本法。 第四十二条　本法施行前公布的法律有关行政复议的规定与本法的规定不一致的，以本法的规定为准。	第六十六条　本条例自2007年8月1日起施行。

106

人民检察院行政诉讼监督规则（试行）	最高人民法院关于适用《中华人民共和国行政诉讼法》若干问题的解释	中华人民共和国行政诉讼法	中华人民共和国行政复议法	中华人民共和国行政复议法实施条例
			第四十三条　本法自1999年10月1日起施行。1990年12月24日国务院发布、1994年10月9日国务院修订发布的《行政复议条例》同时废止。	

附录一　国务院办公厅关于加强和改进行政应诉工作的意见

国办发〔2016〕54号

各省、自治区、直辖市人民政府，国务院各部委、各直属机构：

为贯彻落实《中共中央关于全面推进依法治国若干重大问题的决定》关于"健全行政机关依法出庭应诉、支持法院受理行政案件、尊重并执行法院生效裁判的制度"的要求，保障行政诉讼法有效实施，全面推进依法行政，加快建设法治政府，经国务院同意，现就加强和改进行政应诉工作提出以下意见。

一、高度重视行政应诉工作。行政诉讼是解决行政争议，保护公民、法人和其他组织合法权益，监督行政机关依法行使职权的重要法律制度，做好行政应诉工作是行政机关的法定职责。行政诉讼法施行以来，各地区、各部门依法履行行政应诉职责，取得了积极成效。但消极对待行政应诉、干预人民法院受理和审理行政案件、执行人民法院生效裁判不到位、行政应诉能力不强等问题依然存在，有的还较为突出。各地区、各部门要从协调推进"四个全面"战略布局的高度，充分认识做好行政应诉工作对于依法及时有效化解社会矛盾纠纷、规范行政行为、加强政府自身建设的重要意义，把加强和改进行政应诉工作提上重要议事日程，切实抓紧抓好。

二、支持人民法院依法受理和审理行政案件。行政机关要尊重人民法院依法登记立案，积极支持人民法院保障公民、法人和其他组织的起诉权利，接受人民法院依照行政诉讼法的规定对行政机关依法行使职权的监督，不得借促进经济发展、维护社会稳定等名义，以开协调会、发文件或者口头要求等任何形式，明示或者暗示人民法院不受理依法应当受理的行政案件，或者对依法应当判决行政机关败诉的行政案件不判决行政机关败诉。

三、认真做好答辩举证工作。被诉行政机关要严格按照行政诉讼法的规定，向人民法院提交答辩状，提供作出行政行为的证据和依据。要提高答辩举证工作质量，做到答辩形式规范、说理充分，提供证据全面、准确、及时，不得拒绝或者无正当理由迟延答辩举证。

四、依法履行出庭应诉职责。被诉行政机关负责人要带头履行行政应诉职责，积极出庭应诉。不能出庭的，应当委托相应的工作人员出庭，不得仅委托律师出庭。对涉及重大公共利益、社会高度关注或者可能引发群体性事件等案件以及人民法院书面建议行政机关负责人出庭的案件，被诉行政机关负责人应当出庭。经人民法院依法传唤的，行政机关负责人或者其委托的工作人员不得无正当理由拒不到庭，或者未经法庭许可中途退庭。

五、配合人民法院做好开庭审理工作。被诉行政机关出庭应诉人员要熟悉法律规定、了解案件事实和证据，配合人民法院查明案情。要积极协助人民法院依法开展调解工作，促进案结事了，不得以欺骗、胁迫等非法手段使原告撤诉。要严格遵守法庭纪律，自觉维护司法权威。

六、积极履行人民法院生效裁判。被诉行政机关要依法自觉履行人民法院生效判决、裁定和调解书。对人民法院作出的责令重新作出行政行为的判决，除原行政行为因程序违法或者法律适用问题被人民法院判决撤销的情形外，不得以同一事实和理由作出与原行政行为基本相同的行政行为。对人民法院作出的行政机关继续履行、采取补救措施或者赔偿、补偿损失的判决，要积极履行义务。

七、明确行政应诉工作职责分工。要强化被诉行政行为承办机关或者机构的行政应诉责任，同时发挥法制工作机构或者负责法制工作的机构在行政应诉工作中的组织、协调、指导作用。行政复议机关和作出原行政行为的行政机关为共同被告的，应当共同做好原行政行为的应诉举证工作，可以根据具体情况确定由一个机关实施。

八、加强行政应诉能力建设。各地区、各部门要加强行政应诉工作力量，合理安排工作人员，积极发挥政府法律顾问和公职律师作用，确保行政应诉工作力量与工作任务相适应。要切实保障行政应诉工作经费、装备和其他必要的工作条件。要建立行政应诉培训制度，每年开展一到两次集中培训、旁听庭审和案例研讨等活动，提高行政机关负责人、行政执法人员等相关人员的行政应诉能力。

九、有效预防和化解行政争议。行政机关要不断规范行政行为，认真研究落实人民法院提出的司法建议，提高依法行政水平，从源头上预防和化解行政争议。要进一步加强行政复议工作，提高行政复议办案质量，努力把行政争议化解在基层，化解在初发阶段，化解在行政程序中。

十、强化行政应诉工作监督管理。要加强行政应诉工作考核，将行政机关出庭应诉、支持人民法院受理和审理行政案件、执行人民法院生效裁判以及行政应诉能力建设情况纳入依法行政考核体系。要严格落实行政应诉责任追究制度，对于行政机关干预、阻碍人民法院依法受理和审理行政案件，无正当理由拒不到庭或者未经法庭许可中途退庭，被诉行政机关负责人不出庭应诉也不委托相应的工作人员出庭，拒不履行人民法院对行政案件的判决、裁定或者调解书的，由任免机关或者监察机关依照行政诉讼法、《行政机关公务员处分条例》、《领导干部干预司法活动、插手具体案件处理的记录、通报和责任追究规定》等规定，对相关责任人员严肃处理。各级政府应当加强对本意见执行情况的监督检查。

各省、自治区、直辖市人民政府和国务院各部门要根据本意见，结合本地区、本部门实际，制定加强和改进行政应诉工作的具体实施办法。

国务院办公厅

2016年6月27日

附录二　最高人民法院关于行政诉讼应诉若干问题的通知

法〔2016〕260号

各省、自治区、直辖市高级人民法院，解放军军事法院，新疆维吾尔自治区高级人民法院生产建设兵团分院：

中央全面深化改革领导小组于2015年10月13日讨论通过了《关于加强和改进行政应诉工作的意见》(以下简称《意见》)，明确提出行政机关要支持人民法院受理和审理行政案件，保障公民、法人和其他组织的起诉权利，认真做好答辩举证工作，依法履行出庭应诉职责，配合人民法院做好开庭审理工作。2016年6月27日，国务院办公厅以国办发〔2016〕54号文形式正式发布了《意见》。《意见》的出台，对于人民法院进一步做好行政案件的受理、审理和执行工作，全面发挥行政审判职能，有效监督行政机关依法行政，提高领导干部学法用法的能力，具有重大意义。根据行政诉讼法的相关规定，为进一步规范和促进行政应诉工作，现就有关问题通知如下：

一、充分认识规范行政诉讼应诉的重大意义

推动行政机关负责人出庭应诉，是贯彻落实修改后的行政诉讼法的重要举措；规范行政诉讼应诉，是保障行政诉讼法有效实施，全面推进依法行政，加快建设法治政府的重要举措。为贯彻落实《中共中央关于全面推进依法治国若干重大问题的决定》关于"健全行政机关依法出庭应诉、支持法院受理行政案件、尊重并执行法院生效裁判的制度"的要求，《意见》从"高度重视行政应诉工作""支持人民法院依法受理和审理行政案件""认真做好答辩举证工作""依法履行出庭应诉职责""积极履行人民法院生效裁判"等十个方面对加强和改进行政应诉工作提出明确要求，作出具体部署。《意见》是我国首个全面规范行政应诉工作的专门性文件，各级人民法院要结合行政诉讼法的规定精神，全面把握《意见》内容，深刻领会精神实质，充分认识《意见》出台的重大意义，确保《意见》在人民法院行政审判领域落地生根。要及时向当地党委、人大汇报《意见》贯彻落实情况，加强与政府的沟通联系，支持地方党委政府出台本地区的具体实施办法，细化完善相关工作制度，促进行政机关做好出庭应诉工作。

二、依法做好行政案件受理和审理工作

严格执行行政诉讼法和《最高人民法院关于人民法院登记立案若干问题的规定》，进一步强化行政诉讼中的诉权保护，不得违法限缩受案范围、违法增设起诉条件，严禁以反复要求起诉人补正起诉材料的方式变相拖延、拒绝立案。对于不接收起诉状、接收起诉状后不出具书面凭证，以及不一次性告知当事人需要补正的起诉状内容的，要依照《人民法院审判人员违法审判责任追究办法（试行）》《人民法院工作人员处分条例》等相关规定，对直接负责的主管人员和其他直接责任人员依法依纪作出处理。坚决抵制干扰、阻碍人民法院依法受理和审理行政案件的各种违法行为，对领导干部或者行政机关以开协调会、发文件或者口头要求等任何形式明示或者暗示人民法院不受理案件、不判决行政机关败诉、不履行人民法院生效裁判的，要严格贯彻落实《领导干部干预司法活动、插手具体案件处理的记录、通报和责任追究规定》《司法机关内部人员过问案件的记录和责任追究规定》，全面、如实做好记录工作，做到全程留痕，有据可查。

三、依法推进行政机关负责人出庭应诉

准确理解行政诉讼法和相关司法解释的有关规定，正确把握行政机关负责人出庭应诉的基本要求，依法推进行政机关负责人出庭应诉工作。一是出庭应诉的行政机关负责人，既包括正职负责人，也包括副职负责人以及其他参与分管的负责人。二是行政机关负责人不能出庭的，应当委托行政机关相应的工作人员出庭，不得仅委托律师出庭。三是涉及重大公共利益、社会高度关注或者可能引发群体性事件等案件以及人民法院书面建议行政机关负责人出庭的案件，被诉行政机关负责人应当出庭。四是行政诉讼法第三条第三款规定的"行政机关相应的工作人员"，包括该行政机关具有国家行政编制身份的工作人员以及其他依法履行公职的人员。被诉行政行为是人民政府作出的，人民政府所属法制工作机构的工作人员，以及被诉行政行为具体承办机关的的工作人员，也可以视为被诉人民政府相应的工作人员。

行政机关负责人和行政机关相应的工作人员均不出庭，仅委托律师出庭的；或者人民法院书面建议行政机关负责人出庭应诉，行政机关负责人不出庭应诉的，人民法院应当记录在案并在裁判文书中载明，可以依照行政诉讼法第六十六条第二款的规定予以公告，建议任免机关、监察机关或者上一级行政机关对相关责任人员严肃处理。

四、为行政机关依法履行出庭应诉职责提供必要条件

各级人民法院要在坚持依法独立公正行使审判权、平等保护各方当事人诉讼权利的前提下，加强与政府法制部门和行政执法机关的联系，探索建立行政审判和行政应诉联络工作机制，及时沟通、协调行政机关负责人出庭建议书发送和庭审时间等具体事宜，切实贯彻行政诉讼法和《意见》规定的精神，稳步推进行政机关出庭应诉工作。要为行政机关负责人、工作人员、政府法律顾问和公职律师依法履行出庭应诉职责提供必要的保障和相应的便利。要正确理解行政行为合法性审查原则，行政复议机关和作出原行政行为的行政机关为共同被告的，可以根据具体情况确定由一个机关实施举证行为，确保庭审的针对性，提高庭审效率。改革案件审理模式，推广繁简分流，实现简案快审、繁案精审，减轻当事人的诉讼负担。对符合《最高人民法院关于适用〈中华人民共和国行政诉讼法〉若干问题的解释》第三条第二款规定的案件，人民法院认为不需要开庭审理的，可以迳行裁定驳回起诉。要及时就行政机关出庭应诉和行政执法工作中的问题和不足提出司法建议，及时向政府法制部门通报司法建议落实和反馈情况，从源头上预防和化解争议。要积极参与行政应诉教育培训工作，提高行政机关负责人、行政执法人员等相关人员的行政应诉能力。

五、支持行政机关建立健全依法行政考核体系

人民法院要支持当地党委政府建立和完善依法行政考核体系，结合行政审判工作实际提出加强和改进行政应诉工作的意见和建议。对本地区行政机关出庭应诉工作和依法行政考核指标的实施情况、运行成效等，人民法院可以通过司法建议、白皮书等适当形式，及时向行政机关作出反馈、评价，并可以适当方式将本地区行政机关出庭应诉情况向社会公布，促进发挥考核指标的倒逼作用。

地方各级人民法院要及时总结本通知贯彻实施过程中形成的好经验好做法；对贯彻实施中遇到的困难和问题，要及时层报最高人民法院。

最高人民法院
2016 年 7 月 28 日

附录三　全国人民代表大会常务委员会关于修改《中华人民共和国行政诉讼法》的决定

（2017年6月27日第十二届全国人民代表大会常务委员会第二十八次会议通过）

第十二届全国人民代表大会常务委员会第二十八次会议决定：

二、对《中华人民共和国行政诉讼法》作出修改

第二十五条增加一款，作为第四款："人民检察院在履行职责中发现生态环境和资源保护、食品药品安全、国有财产保护、国有土地使用权出让等领域负有监督管理职责的行政机关违法行使职权或者不作为，致使国家利益或者社会公共利益受到侵害的，应当向行政机关提出检察建议，督促其依法履行职责。行政机关不依法履行职责的，人民检察院依法向人民法院提起诉讼。"

本决定自2017年7月1日起施行。

后　记

　　从今年春节开始着手成书，至七一前一切就绪，这期间虽然很累，心脏"戴上了帽子"，但是不惑之年还是满开心的。世界上从来没有一件事是一个因素促成的。感谢中国检察出版社的倾力推出，感谢李健主任的大力支持，感谢责编王伟雪的细心、劳心和爱心，才有了本系列丛书的美好形象和问世。

　　十分荣幸的是，裴显鼎兄的竭诚鼓励，何家弘老师的亲切助序，使得这几本拙著跃然生色。

　　在短短几个月的具体出炉劳动中，我的诸多至交、同学，给了我人生中最为宝贵的信任！请理解我，不能一一列明。

　　我深信，我的这一拙著会让你在日久的辛勤工作后产生超值享受，个中体会，不可言传。

　　再次致谢！

宋云超

二〇一七年七月六日

2